1232363

ALTBAU WIRD TRAUMHAUS

Beate Rühl

ALTBAU WIRD TRAUMHAUS

Stilvolle Modernisierung wertvoller Bausubstanz

Inhalt

40 *Langjähriger Dornröschenschlaf beendet*
Kölner Stadthaus und Werkstatt mit Feingefühl neu belebt

8 *Ferien für immer*
Hochwertig ausgebaute historische Gärtnerei

44 *Zeitreise in Passau*
Umbau eines Brauereigebäudes zu exklusiven Wohnungen

16 *Aussichtsreiche Erweiterung in den Garten*
Modernisierung mit Panoramawintergarten

58 *So schön kann Alt sein*
Traditionelles Geschäftshaus wird Mehrfamilienhaus

22 *Mondäne Klassik*
Stilvolle Neugestaltung eines Frankfurter Stadthauses

66 *Jugendstilhaus neu erblüht*
Zeitgemäßer Innenausbau einer Villa in Frankfurt am Main

30 *Moderne und Sinnlichkeit*
Herrschaftliche Villa mit spektakulärem Anbau

74 *Wiedergeburt an der Meraner Altstadtmauer*
Denkmalgeschützte Ruine sorgsam wieder aufgebaut

78 Gründerzeit trifft 21. Jahrhundert
Konsequenter Purismus in Regensburg

86 Liebe zur Tradition
Restaurierung eines solitären Bauernhauses bei Bozen

92 Innere Werte
Dachgeschossausbau mit Liebe zum städtischen Wohnen

98 Die spröde Schöne
Bescheidenes Bahnwärterhaus wird kleines Schmuckstück

102 Leichtigkeit verdrängt Schwere
Jede Menge Freiraum für ein Kölner Stadthaus

110 Diskrete Eleganz
Altersgerechter Umbau eines 1930er-Jahre Anwesens

114 Aus zwei mach eins
Benachbarte Reihenhäuser werden zur Familienresidenz

118 Sanieren bedeutet heilen
Behutsame Renovierung mit Anbau bei Regensburg

7	Vorwort
21	Tipp Raumluftfeuchte
39	Tipp Estrichauswahl
57	Tipp Rohmessinggriffe
73	Tipp Holzschutzmittel
85	Tipp Asbestbelastungen
109	Tipp Außenwanddämmung
124	Anbieterverzeichnis

In der Antike
wurde dem Träumen
eine göttliche Quelle
zugeschrieben.

Vorwort

Oneiros aus dem griechischen „der Traum" ist eine sehr individuelle Angelegenheit. In diesem Buch möchte ich Ihnen zeigen, wie unterschiedlich realisierte Träume aussehen können und dass das Wohnen in alten Mauern etwas ganz Besonderes sein kann. Ob denkmalgeschützte Villen, ehemalige Bauernhöfe, ausgebaute Dachgeschosse oder umgestaltete Reihenhäuser – jedes dieser Domizile spiegelt den individuellen Charakter ihrer Besitzer wieder. Besuchen Sie mit mir ausgesuchte Altbauten, die nicht unbedingt von Träumern, aber auf jeden Fall zum darin Träumen umgebaut wurden.

Alte Gemäuer wirken oft so anziehend auf uns, weil sie das Gefühl für ein behagliches, menschliches Maß vermitteln. Historische Backsteinziegelwände oder Bruchsteinmauerwerke unterscheiden sich nun einmal elementar von heutigen Bauten nach Industrie-Normen (DIN), auch wenn diese mit Klinkern verkleidet werden.

Altbauten stehen meist in Wohngebieten mit guter Infrastruktur, altem Baumbestand und einer über Jahrzehnte gewachsenen Umgebung, die ein besonderes Ambiente vermittelt. Das ist für viele Käufer von alten Häusern ein ausschlaggebender Aspekt, selbst wenn sie anfangs noch nicht wissen, was alles auf sie zukommt. Ganz abgesehen von dem gelegentlichen Unverständnis von Freunden oder der Familie, wenn sie erzählen, dass sie sich für ein „gebrauchtes" Haus entschieden haben.

Altbauliebhaber wissen was sie wollen. Sie sind Individualisten mit viel Fantasie, die zu den Kreativen in unserer Gesellschaft gehören. Schon beim ersten Betreten eines Hauses können sie sich vorstellen, wie die gerade begutachteten, heruntergekommenen Räume in neuem Glanz erstrahlen werden. Mittlerweile liegen übrigens schon 50 % der Baumaßnahmen in Deutschland im Bereich der Altbausanierung.

Doch jedes alte Traumhaus kann auch unvorhergesehene Überraschungen bereithalten. Manchmal fehlen die Fundamente oder ein tragender Balken, der den Vorbesitzer störte, wurde entfernt, obwohl er von erheblicher statischer Bedeutung war. Zu den schönen Überraschungen zählt, wenn unter muffigen Schichten von PVC und alten Bodenbelägen ein historischer Terrazzoboden freigelegt wird oder unter bröckelnden Putzen eine gut erhaltene Natursteinwand zum Vorschein kommt.

Es ist ratsam vor dem Notartermin zum Kauf Ihres Traumhauses ein Architekturbüro damit zu beauftragen den Ist-Zustand des Anwesens zu prüfen. Mit den richtigen Fachleuten ist eine Sanierung, ein Umbau oder eine Dachaufstockung kein Problem. Immer mehr Architekturbüros haben sich in den letzten Jahren auf die Altbausanierung spezialisiert. Für viele ist das Sanieren eines alten Hauses sogar spannender als ein Neubau und eine gerne angenommene, kreative Herausforderung.

Ohne die nötige Erfahrung ist es problematisch die Sanierung eines Altbauobjekts selbst in die Hand zu nehmen. Die Größe der Baumaßnahme ist dabei nicht entscheidend. Auch bei einfach erscheinenden Renovierungen ist es wichtig vorab ein Gesamtkonzept zu entwickeln. Manche Autodidakten haben mich aber auch schon zum Staunen gebracht, indem sie ein Haus zerlegt und an anderer Stelle wieder aufgebaut haben. Chapeau! Aber das ist wirklich die Ausnahme.

Architektur | www.moeller-architekturbuero.com
Innenarchitektur | www.raumkonzept50.de

Ferien für immer…

…und das in unmittelbarer Nähe einer Großstadt. Einen von Heinrich Siesmayer gestalteten Park vor der Haustür, den Wald und einen Teich in unmittelbarer Nachbarschaft – wie kann man ein solches Anwesen in dieser Lage nicht erwerben? „Das Bauchgefühl stimmte" betonen die heutigen Besitzer. Ihre vorhandene vielfältige Erfahrung mit Haussanierungen spiegelt sich in jedem Detail des sanierten Altbaus wider. Jahrelang lag das früher als Gärtnerei genutzte Gelände brach. Rundum wucherte hohes Gestrüpp, lagerten meterhohe Komposthaufen. Was die Eheleute aus der alten Gärtnerei mit großer Liebe zum Detail gemacht haben, kann sich sehen lassen. Kein Neubau kann mit diesem Ambiente mithalten. Es ist ein Ort des Rückzugs, in den man abtauchen kann, wenn man genug hat von der Hektik des Alltags.

Den Besitzern ist es gelungen eine wohnliche Oase mit repräsentativem Anspruch zu schaffen, in der neben den privaten Räumen auch die Geschäftsräume untergebracht sind. Die beiden Bereiche wurden in der Neuplanung des Grundrisses räumlich voneinander getrennt. Da häufig Kunden zu Geschäftsessen eingeladen werden, war es eine der Vorgaben beim Innenausbau einen wohnlichen und repräsentativen Gestaltungsansatz zu verbinden. Der technische Ausbau wurde nach modernen ökologischen Standards ausgeführt. Die neuen Eigentümer hatten soviel Spaß an dem Umbau, dass sie kurzerhand aus ihrer Leidenschaft einen neuen Geschäftszweig machten und heute Bauherren aus Frankfurt und Umgebung bei Einrichtungsfragen beraten.

Die Lage des Hauses und des Gartens ist sehr sonnenorientiert und deshalb hat man sich auch für den Bau eines Pools entschieden.

Wenn es einmal zu heiss wird, sorgt die in die Aluminium-Fassade integrierte Markise für Entspannung auf der Terrasse. Sie taucht die Wohnräume in gedämpftes Tageslicht, fast wie ein Schimmer aus Porzellan.

Der Fussbodenbelag aus großen sandfarbenen Feinsteinzeugplatten gibt den Räumen eine schlichte Eleganz und bildet einen Kontrast zum ländlichen Stil der vorhandenen historischen Architektur.

Über dem Küchenblock hängt eine elektrische Kerzenlampe, die ebenso wie die indirekte Deckenbeleuchtung per Fernsteuerung regulierbar ist.

Während sich das Haus zur Straßenseite, verschlossen mit einer historischen Mauer und Bruchsteinfassade und kleinen Fensteröffnungen abgrenzt, wird es zum Garten hin gläsern, öffnet sich und empfängt die Morgensonne.

Der neue Anbau befindet sich direkt auf Gartenniveau, etwa einen Meter tiefer als das herausgehobene Erdgeschoss des Gebäudes.

Die kleine Stahltreppe, die die beiden Raumteile innen verbindet, schwebt frei über dem Boden und leitet mittelbar in den Garten über.

Nebel Pössl Architekten | Köln | www.nebelpoessl.de

Aussichtsreiche Erweiterung in den Garten

In dem Wohnhaus aus den frühen 1960er Jahren fehlte den Bauherren eine gewisse Großzügigkeit und die Verbindung mit ihrem über lange Jahre liebevoll entwickelten Naturgarten. Die Konzeption einer geschwungenen Glasfassade öffnet die kleine Wohnraumerweiterung nach außen. Sie formuliert einen exakt begrenzten Wahrnehmungsausschnitt, indem sie den Übergang vom massiven Baukörper zur transparenten Hülle so definiert, dass andere Gebäudeteile ausgeblendet bleiben.

Durch die Krümmung und die liegende Proportion der Öffnung entsteht ein Panorama, das dazu einlädt den Blick wandern zu lassen. Der flächenmäßig eher kleine Garten erscheint dadurch breiter, seine Grenzen werden der Wahrnehmung entzogen. Der Effekt einer baulichen Cinemascope-Wirkung wird noch gesteigert durch die schwebende Wirkung der Betondecke und den schwellenfreien Übergang zwischen dem Holzboden des Wohnraums und der Holzdeckterrasse.

Die gekurvte Membran des Glaskörpers besitzt zusammen mit der spiralförmigen Treppe eine florale Analogie, die durch den Dachüberstand wie aus Blütenblättern fortgesetzt wird. Hinter diesem sind die Sonnenschutzanlagen und die gesamte Konstruktionshöhe des Dachaufbaus versteckt.

Die Stahlpfosten der Glasfassade und die drei Stahlstützen der Rohkonstruktion wirken vor grünem Hintergrund wie dünne Baumstämme und verbinden sich in der Tiefenstaffelung mit dem Geäst draußen.

Ratschläge für die Altbausanierung

TIPP

Hohe Raumluftfeuchte im Kellergeschoss?

Eine Putzschicht aus Kalk ist im Altbau-Kellergeschoss zu empfehlen. Der Kalkputz hat eine enorme Wasseraufnahmefähigkeit durch seine Zusammensetzung aus natürlichen, mineralischen Bestandteilen. Bei hoher Raumluftfeuchte ist ein Kalkputz besonders geeignet. An der Oberfläche entstehende Kondensfeuchte wird sofort von dem Putz absorbiert. Der reine Sumpfkalkputz beugt Schimmelpilzbildung gleich mit mehreren Sicherheitsfaktoren vor. Da sich Schimmel bevorzugt in einem pH-Bereich zwischen 4 und 8 entwickelt, stellt der hohe alkalische pH-Wert von 12,6 der bei Sumpfkalk vorliegt kein für Schimmel geeignetes Milieu dar. Wenn der Sumpfkalkputz dazu noch rein mineralisch, also ohne Zusatz von Zellulose eingesetzt wird, findet Schimmel keinerlei Nährstoff, den er zur Entwicklung braucht. Darüber hinaus entzieht der Sumpfkalkputz durch seine rasche Rücktrocknung den Sporen die Feuchtigkeit, die sie für die Auskeimung benötigen. Mit reinem Sumpfkalkputz liegt man hier auf einer sehr sicheren Seite.

Sollten Sie bereits renoviert haben und das Kellergeschoss z. B. als Büroraum nutzen und trotzdem Probleme mit der Raumluftfeuchte haben, dann kann eine dünne Schicht Sumpfkalkputz schon durchaus hilfreich sein. Sumpfkalk neutralisiert die gesundheitsbelastenden Raumluftsäuren. Er desinfiziert die Innenraumluft durch seine antiseptische Wirkung. Sumpfkalkputz ist ein natürlicher, nachhaltiger Baustoff.

Mehr Informationen über Kalkputze und deren antiseptische Wirkung in Bezug auf Allergieerkrankung finden sie in dem Buch von Beate Rühl *Gesund und ökologisch Bauen* (Blottner Verlag).

Adressen
www.wellwall.com
www.biodomus-shop.de
www.kreidezeit.de

B.A.S. Dipl. Ing. Peter Begon | Frankfurt am Main
www.bas-architekten.de

Mondäne Klassik

Ob in London, Paris oder, wie in diesem Fall in Frankfurt – ein solches Haus als Rückzugsort im hektischen Großstadtgewirr zu besitzen ist der Traum vieler Altbauliebhaber. Es bietet den Luxus der kurzen Wege mit allen erforderlichen Läden, Schulen und Kultureinrichtungen um die Ecke. Das 1883 von Johann Georg Anthes in Anlehnung an spätklassizistische Formen errichtete, denkmalgeschützte Stadthaus wurde für eine vierköpfige Familie umgebaut. Im Erdgeschoss sollte ein Büro entstehen und in den weiteren Stockwerken der Wohnraum neu strukturiert werden. Das waren die Vorgaben für die Architekten. Bei der Sanierung des Eingangsbereichs entdeckte Decken und Wandmalereien wurden durch eine Restauratorin aufwändig wiederhergestellt. Der großzügige Eingangsbereich mit original Terrazzoboden stellt durch die Vielfalt der Materialien ein besonderes Highlight dar. Die sinnlichen Wand- und Deckengemälde erinnern an eine florentinische Villa, wären darauf nicht das Frankfurter Mainufer und der Eiserne Steg zu finden.

In den Wohnräumen wurde der spätklassizistischen Tradition neues Leben eingehaucht. Die Struktur der Räume blieb erhalten und wurde behutsam erneuert. Moderne Bäder hielten in lichtdurchfluteten Räumen Einzug. Das Farb- und Lichtkonzept fügt sich selbstverständlich und prägnant in den historischen Kontext. Aus dem Wohnzimmer wird eine Genuss-Zone während die Küche puristisch klar ihrer Funktion nachkommt. Durchdrängt von Einflüssen der heutigen Architektursprache blieb der besondere Charakter des Hauses erhalten.

Im denkmalgerecht restaurierten Entree wurden historische Decken- und Wandmalereien freigelegt.

Der gedeckten Farbigkeit des Spätklassizismus im Erdgeschoss werden in klaren Farben gestaltete Farbperspektiven in den Obergeschossen gegenübergestellt.

In dem betont flächig und ruhig gestalteten Wohnraum entsteht eine Sofa-Insel zum Relaxen.

Die Bibliothek wird durch eine raumhohe sechs Meter lange Bücherwand geprägt.

Die puristische Funktionalität und die moderne Farbgebung der Küchenzeile stehen in bewusstem Kontrast zu der historischen Stuckdecke.

Lichtdurchflutete Räumlichkeiten verwandeln sich in moderne Badetempel. Großformatige Unmaßplatten aus Carrara-Marmor und individuell angefertigte Marmor-Waschtische verleihen den Bädern zeitlose Großzügigkeit.

Das Speisezimmer, mit seiner aufwändig restaurierten klassizistischen Stuckdecke, strahlt durch die zartrosa Wandgestaltung und dezente Goldakzente eine sinnliche Eleganz aus.

ARCHITEKTURFORUM ANJA SCHNITZLER | ESSEN
WWW.ARCHITEKTURFORUM-AS.DE

Moderne und Sinnlichkeit

Die Eheleute K. haben sich ihren Traum erfüllt und eine Villa aus den 1920er-Jahren erworben. Der Wunsch einer Erweiterung der Räumlichkeiten führte zu einem Architekten-Wettbewerb, der die Vorgabe der Auftraggeber nach einem großzügigen Raum auf ebener Fläche berücksichtigen sollte. Gedacht war an einen offenen Event-Kochbereich, eine Doppelgarage, ein Gästeapartment und einen Pool im Garten. Die Vorgaben waren klar definiert und was innerhalb von zwei Jahren Bauzeit realisiert wurde, kann sich sehen lassen, denn die Auftraggeber bekommen viel positives Feedback aus ihrer Umgebung für diese Baumaßnahme.

Der herrschaftlichen Villa wurde ein moderner Anbau mit Flachdach hinzugefügt. Eine filigrane Glas-/Stahlkonstruktion verbindet den alten mit dem neuen Baukörper. Sie wirkt wie ein Lichtband und bringt zusätzliche Helligkeit in den großzügigen Wohn- und Küchenbereich. Die vier Meter hohen Schiebetüren auf der Rückseite des Anbaus holen reichlich Tageslicht in den Innenraum. Auch der Pool reflektiert zusätzlich Licht in das Haus.

Innen wird Außen und Außen wird Innen – dieser Eindruck wird auch durch die schwellenlosen Übergänge zur Terrasse unterstützt.

Die Kupferummantelung des Kubus wurde mit einer beschichteten Oberfläche versehen. Dadurch bleibt der Oxidationsprozess des Kupfers durch Sauerstoffeinwirkung aus und der gewünschte rötliche kupferfarbene Ton des Materials bleibt erhalten.

Durch das bestehende historische Portal öffnet sich der Blick aus der im Neubau untergebrachten Eventküche in den Essbereich des Altbaus.

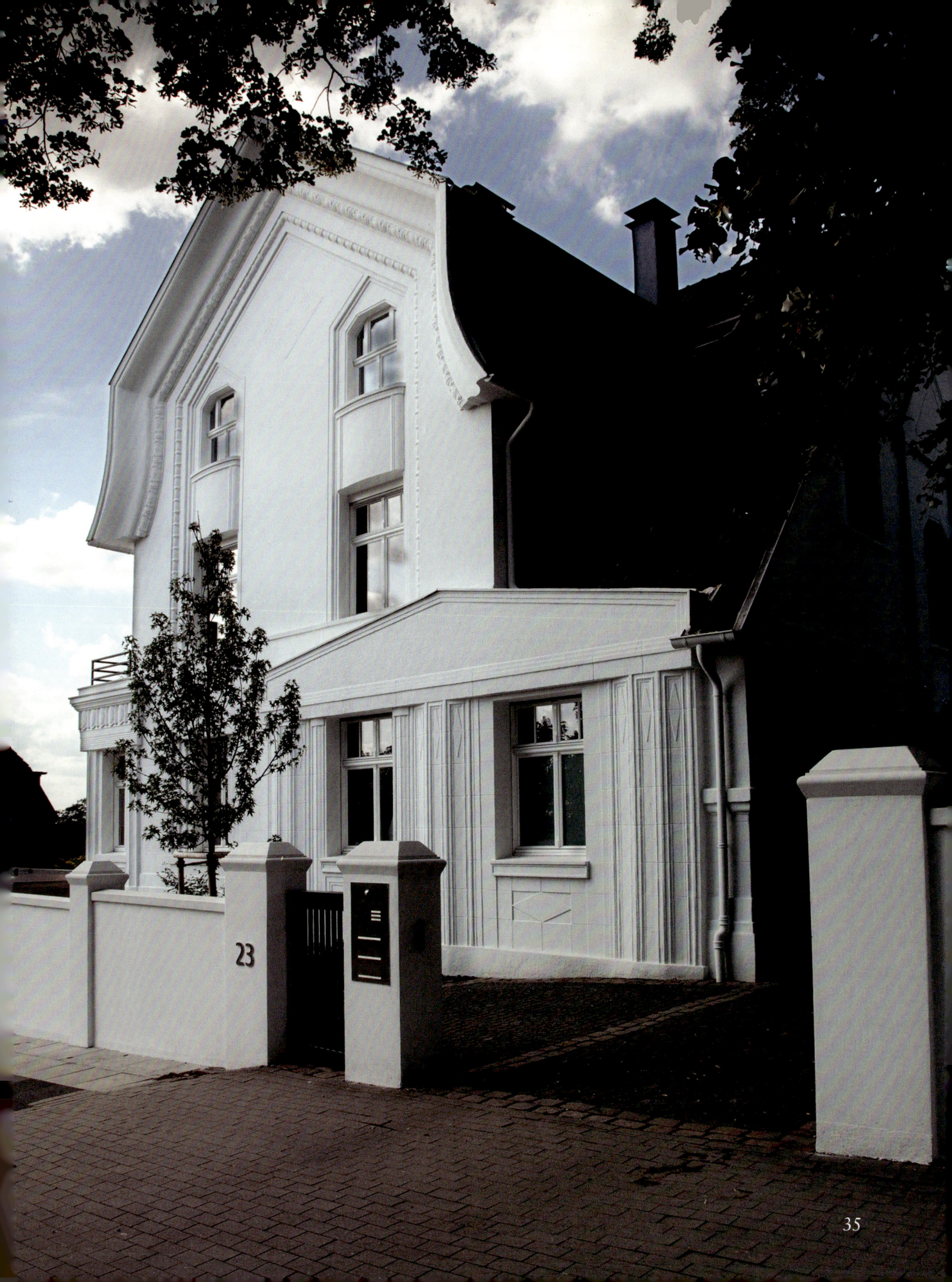
23

Holzelemente und ein antiker Kronleuchter bringen Sinnlichkeit in die High-Tech Eventküche, mit klimatisiertem Weinlager und Flachbildschirm. Eine Besonderheit ist der Ausblick von der Küche auf den Pool.

Der eigenwillige, kupferglänzende Anbau steht in deutlichem Kontrast zu der klassischen Villa. Der für sich alleine schon stilvoll wirkende Altbau wird so noch zusätzlich aufgewertet.

Estrichvarianten

Ihr altes Haus braucht einen neuen Estrich und Sie müssen sich wieder einmal schnell während der Sanierungsphase entscheiden, denn die ausführende Estrichfirma möchte eine kurzfristige Rückmeldung zur Ihrer Auswahl. Im Folgenden erhalten Sie Informationen zu Vor- und Nachteilen der verschiedenen Estrichausführungen.

ANHYDRITESTRICH – Anhydrit ist gebrannter Gips und somit ein natürlicher Stoff. Gips kann viel Feuchtigkeit aufnehmen. Daher sollte dieser Estrich nicht im Keller oder im Badezimmer verlegt werden. Bei natürlichem Anhydritestrich haben Sie keinerlei Schadstoffemissionen zu befürchten, sofern dieser keine Kunstharzzusätze enthält. Kunstharzzusätze setzen Restmonomere frei und können die Raumluft mit Schadstoffen belasten.

GUSSASPHALTESTRICH besteht aus Bitumen oder Hartbitumen. Grundsätzlich sind Gussasphalt wie auch Bitumen als sehr kritische Materialien zu sehen, die nicht unbedingt für den Innenraum geeignet sind. Bitumen wird aus vielen kritischen Substanzen hergestellt und steht laut MAK-Liste (Maximale Arbeitsplatz-Konzentration) unter Verdacht krebserzeugendes Potential zu besitzen. Gussasphaltestrich wird aus praktischen Gründen sehr gerne von Handwerkern empfohlen. Er kann sofort nach der Abkühlung betreten und mit Fliesen, Parkett oder Teppichboden beklebt werden. Bei anderen Estricharten müssen Ruhe- und Abtrocknungsphasen eingeplant werden. Dieser praktische Nutzen erscheint zunächst einmal groß, da die Einsparung von Bauzeit immer im Interesse der ausführenden Firmen und natürlich auch der Bauherrschaft ist.

Allerdings ist bei Gussasphalt die Gefahr für die Gesundheit nicht abzuschätzen und damit auch nicht auszuschließen.

MAGNESIAESTRICH – Magnesit wird durch einen Brennprozess gewonnen. Anstelle von Zement wird dabei Magnesit für den Estrich verwendet. Zum Magnesit kommen noch Sand, Holzspäne, Holzgranulate und manchmal auch Korkmehl. Je mehr Anteile an Holzspänen oder an Holzgranulaten hinzukommen, umso mehr Fußwärme kann erreicht werden. Mit größerem Holzspan-Anteil erreicht man auch einen höheren Schallschutz und eine bessere Wärmedämmung. Höhere Druckfestigkeit erhält Magnesitestrich indem mehr Sand beigemischt wird. Nachteilig bei dieser Estrichvariante ist die Feuchtigkeitsempfindlichkeit. Trotz einer Abbindezeit von bis zu drei Wochen ist dies ein sehr empfehlenswerter Estrich. Begehbar ist er übrigens schon nach zwei bis drei Tagen.

ZEMENTESTRICH ist der preiswerteste Estrich für Fußböden. Sollten Sie sich für Zementestrich entscheiden, so ist Portlandzement zu empfehlen. Vorsicht ist bei den Zuschlagstoffen im Zementestrich geboten. Als Zusatzmittel werden oft Erstarrungsbeschleuniger, Betonverflüssiger, Luftporenbildner sowie Kunststoffdispersionen zugemischt. Hierbei kann es wiederum zu Ausdünstungen in die Raumluft kommen. Zementestrichböden sind als fußkalt zu bewerten. Um dem entgegenzuwirken kann man einen Belag aus Vollholzparkett oder Vollholzdielen wählen.

ADRESSEN
www.chini.de
www.estrich-sommerfeld.de

Architekt Boris Enning | Köln | www.architektenning.de

Langjähriger Dornröschenschlaf beendet

Das Haus im Kölner Stadtteil Nippes ist Teil einer Blockbebauung aus der Jahrhundertwende. Mit seinem Baujahr 1880 ist es eines der Ältesten im sogenannten „Sechzigviertel". Bei der ersten Besichtigung befand sich die gesamte Anlage in einer Art Dornröschenschlaf. Im Hof wucherten wilde Pflanzen, im Haus der Pilz. Das ganze Objekt war nahezu im unsanierten Originalzustand – es gab weder Heizungen noch sanitäre Anlagen.

Das denkmalgeschützte Ensemble besteht aus drei Gebäudeteilen. Im straßenseitigen Stuckaltbau befanden sich schon immer Wohnungen, im Erdgeschoss ein ehemaliges Ladenlokal. Das hofseitige Werkstattgebäude wurde 130 Jahre lang von Handwerksbetrieben genutzt. Im Rahmen der Generalsanierung wurde die gesamte Nutzfläche in Wohnraum umgewandelt. Die Sanierung der Bestandswohnungen erfolgte denkmalgerecht unter Verwendung erhaltenswerter Originalbauteile. Im Erdgeschoss des dreigeschossigen Werkstattgebäudes ist die alte Schlosserei zu einem Loft mit freigelegter Ziegelwand geworden. In den beiden oberen Stockwerken entstand eine Maisonettewohnung mit Balkon und Dachloggia. Der Innenhof wurde entsiegelt und als Garten angelegt.

Aus kleinteiligen Wohneinheiten wurden nun wieder großzügige Jahrhundertwende-Wohnungen mit Sprossenfenstern und Parkettböden.

Im Erdgeschoss des Vorderhauses befand sich ein Metallwarenhandel mit einer Schlosserei im Hinterhof.

Mit Stahlanbauten wurde jeder Wohnung ein großer Balkon zugeordnet. Die Dachgeschosswohnung erhielt eine Dachterrasse.

Im Badezimmer entstand eine reizvolle Kombination aus zeittypischer Ausstattung mit einer freigelegten historischen Ziegelwand.

Die Energiebilanz des Gesamtgebäudes wurde durch Wärmedämmmaßnahmen erheblich verbessert. Im Bereich der Denkmalfassaden wurden ein Innendämmputz, auf der rückwärtigen Gebäudetrennwand ein Wärmedämmverbundsystem und im Bereich der Dächer eine mineralische Dämmung ausgeführt. Im Erdgeschoss wurde im neuen Bodenaufbau zum Keller eine Wärmedämmung angeordnet, sodass die gesamte Gebäudehülle über eine Wärmedämmung verfügt. Eine energiesparende Haustechnik vermittelt dem Gebäude heute den Standard eines Energieeffizienzhauses 115 nach KfW.

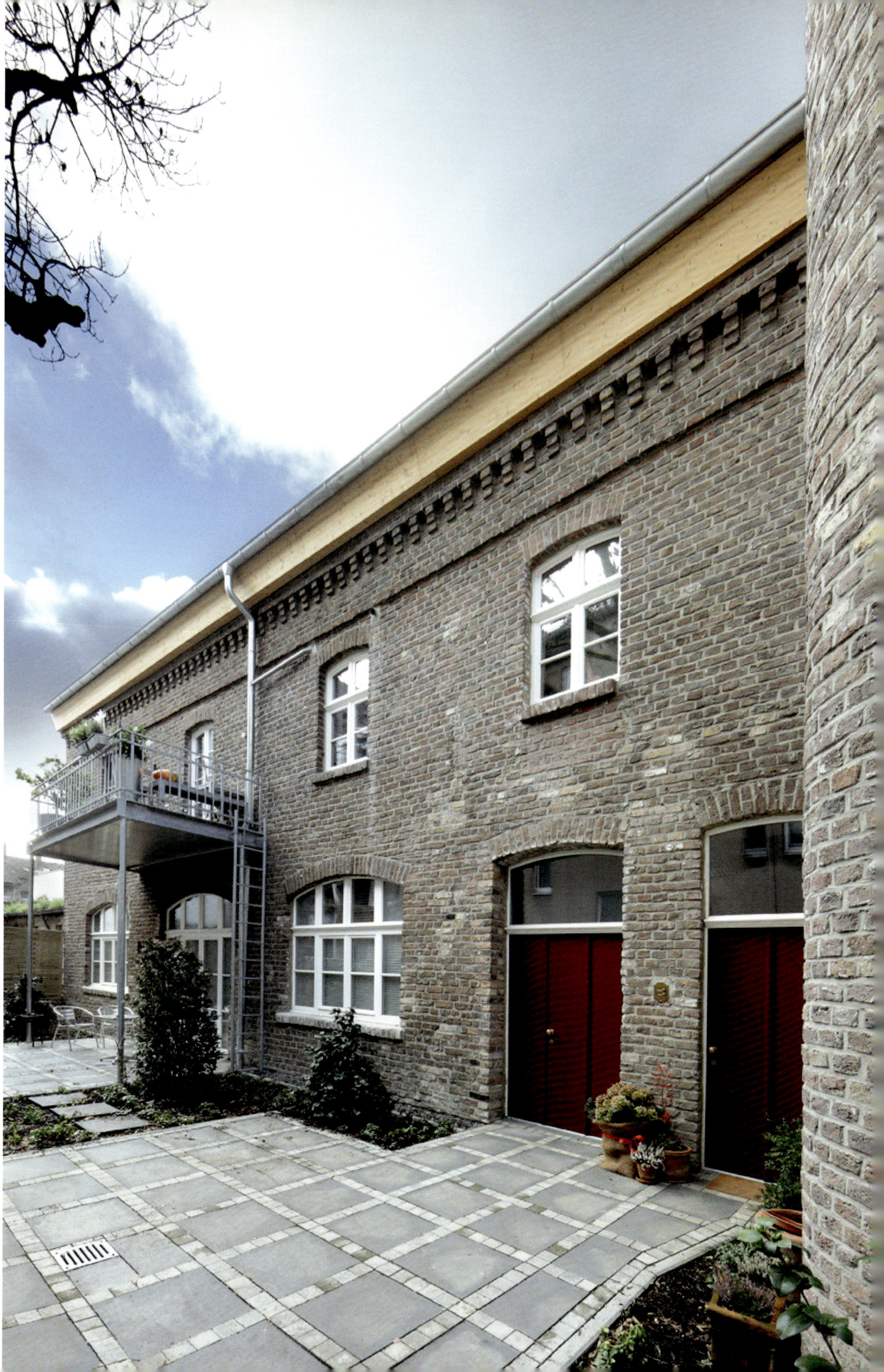

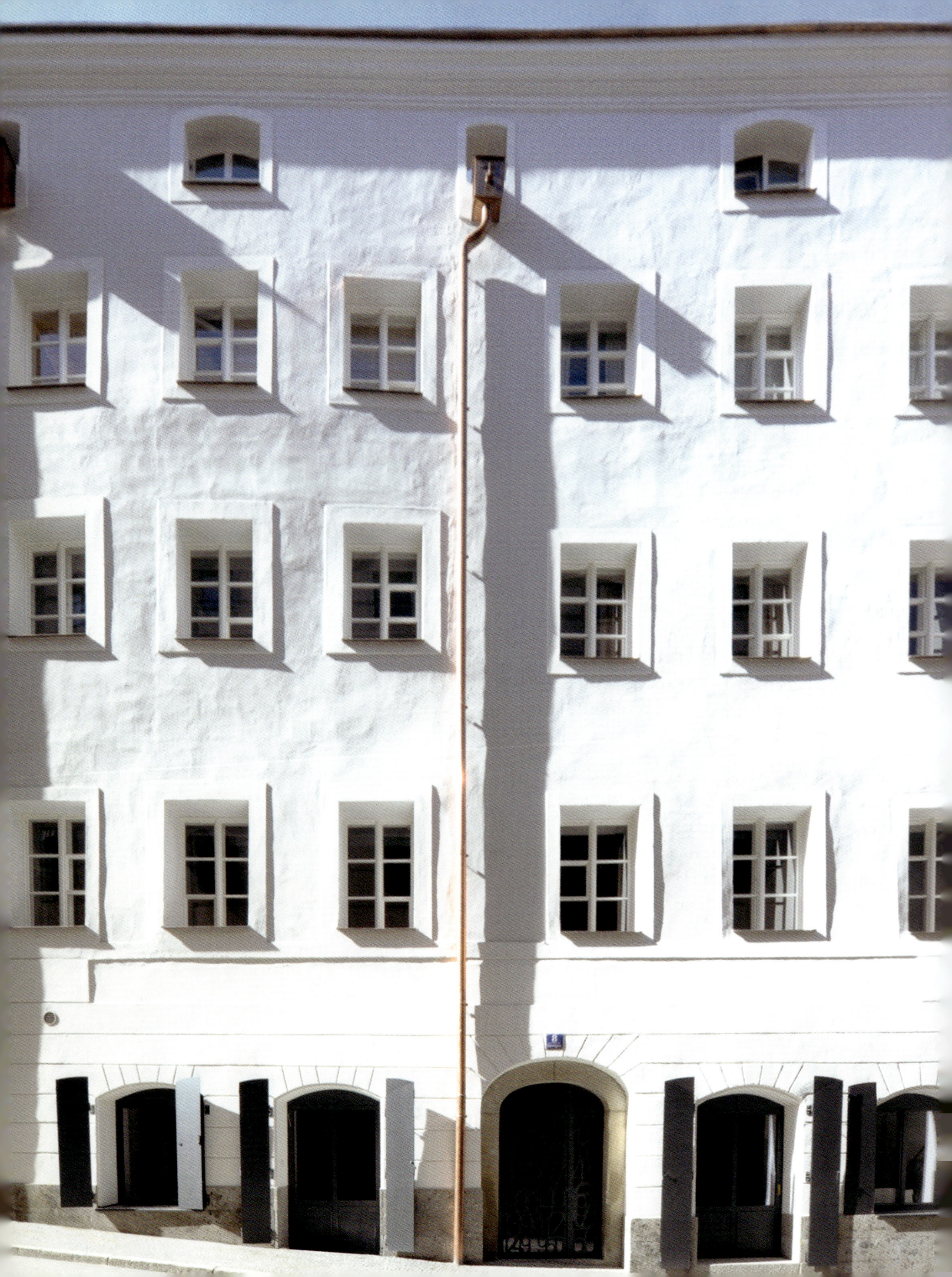
8

Architekt Andreas Schmöller | Passau
www.architekturbuero-schmoeller.de

Zeitreise in Passau

Das in der Passauer Schrottgasse gelegene Anwesen weist eine Baugeschichte auf, die mehr als 800 Jahre in die Vergangenheit zurückreicht. Romanische Säulen, gotische Fußböden, Spuren der großen Stadtbrände 1662 und 1680 erzählen von der wechselhaften Geschichte der drei um einen Innenhof gruppierten Häuser.

Der Blick in die Vergangenheit ist ein gestalterisches Thema, das sich durch den gesamten Baukomplex zieht. In jeder Wohneinheit machen „Zeitfenster" das Alter des Gebäudes erfahrbar. Eine im Randbereich frei gelassene Stuckdecke, eine unverputzte Bruchsteinwand – die Zeugen der Geschichte sind überall präsent.

Das Neben- und Miteinander von Historischem und Modernem schafft spannende Kontraste: Naturstein, frei gelegte Putzflächen aus historischer Zeit und antikes Holz verbinden sich abwechslungsreich und kreativ mit Glas, Stahl, naturbelassenem Holz und modernen Holzwerkstoffen.

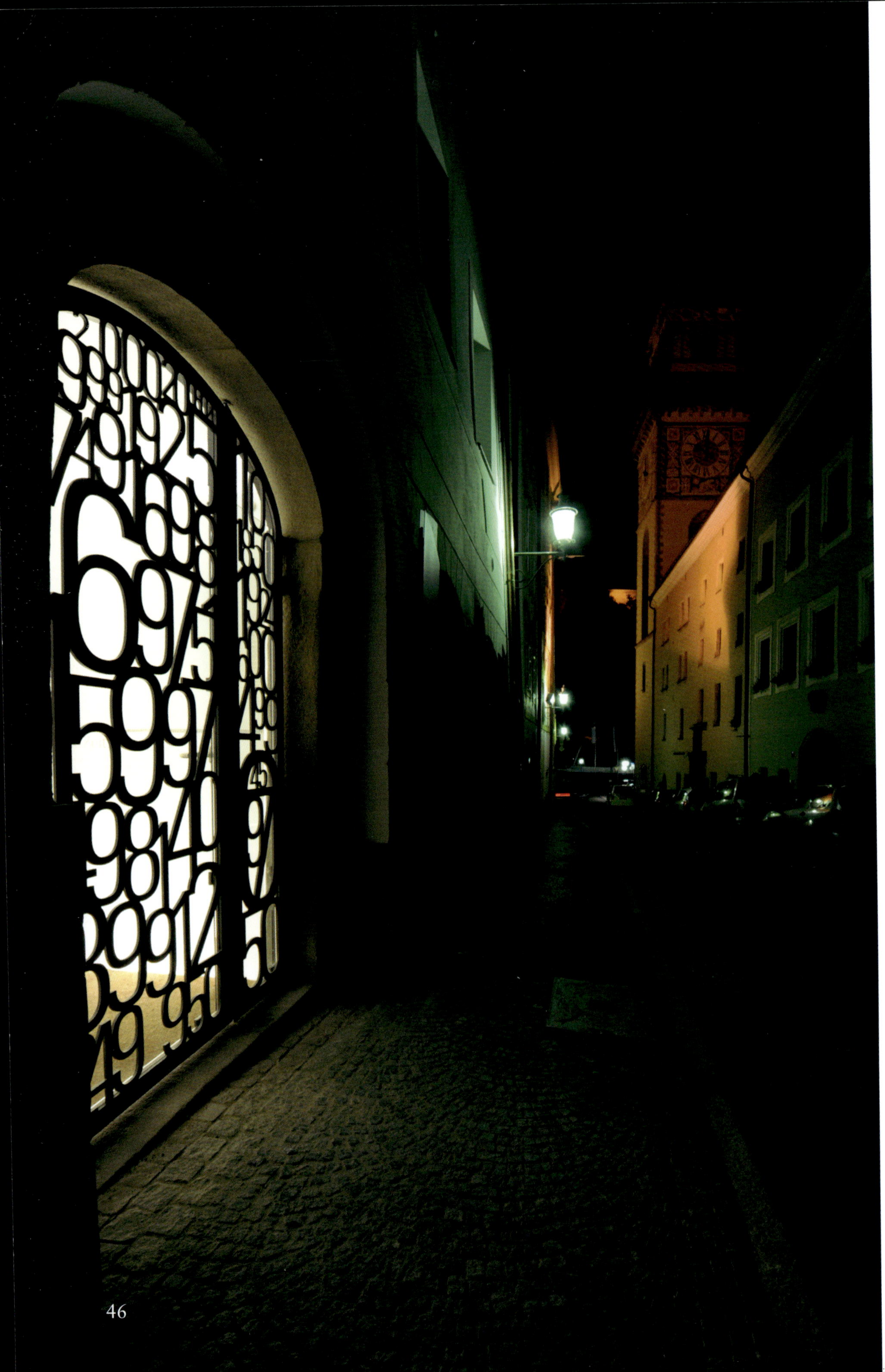

Das Zahlengitter der Eingangstür gibt bereits einen ersten Hinweis auf die Zeittafel, die den Besucher in dem langen, schmalen Flur hinter der Tür erwartet. Eine, von der Grafikerin Johanna Borde gestaltete, 16 Meter lange Glaswand nimmt den Eintretenden mit auf eine Zeitreise durch die jahrhundertelange Bau- und Nutzungsgeschichte der drei Gebäude.

Bei dem Gewölbe im ersten Obergeschoss bleiben die deutlichen Spuren von Rauch und Ruß sichtbar.

Das neu geschaffene Treppenhaus im Rückgebäude erschließt die Wohnungen im Obergeschoss des Hinterhauses und des Zwischenbaus.

Der enge Durchgang am Ende des Eingangsflurs führt zum kleinen Innenhof mit Kies-, Holz- und Pflanzenflächen.

Neue Kastenfenster mit für die Passauer Altstadt typischem Lüftungsflügel im Außenfenster. Die maroden Stuckdecken wurden im Randbereich auf Sicht belassen und indirekt beleuchtet.

Wände und Decken wurden schon mal ohne Anstrich belassen, wenn die alten Farbschichten besonders interessant erscheinen.

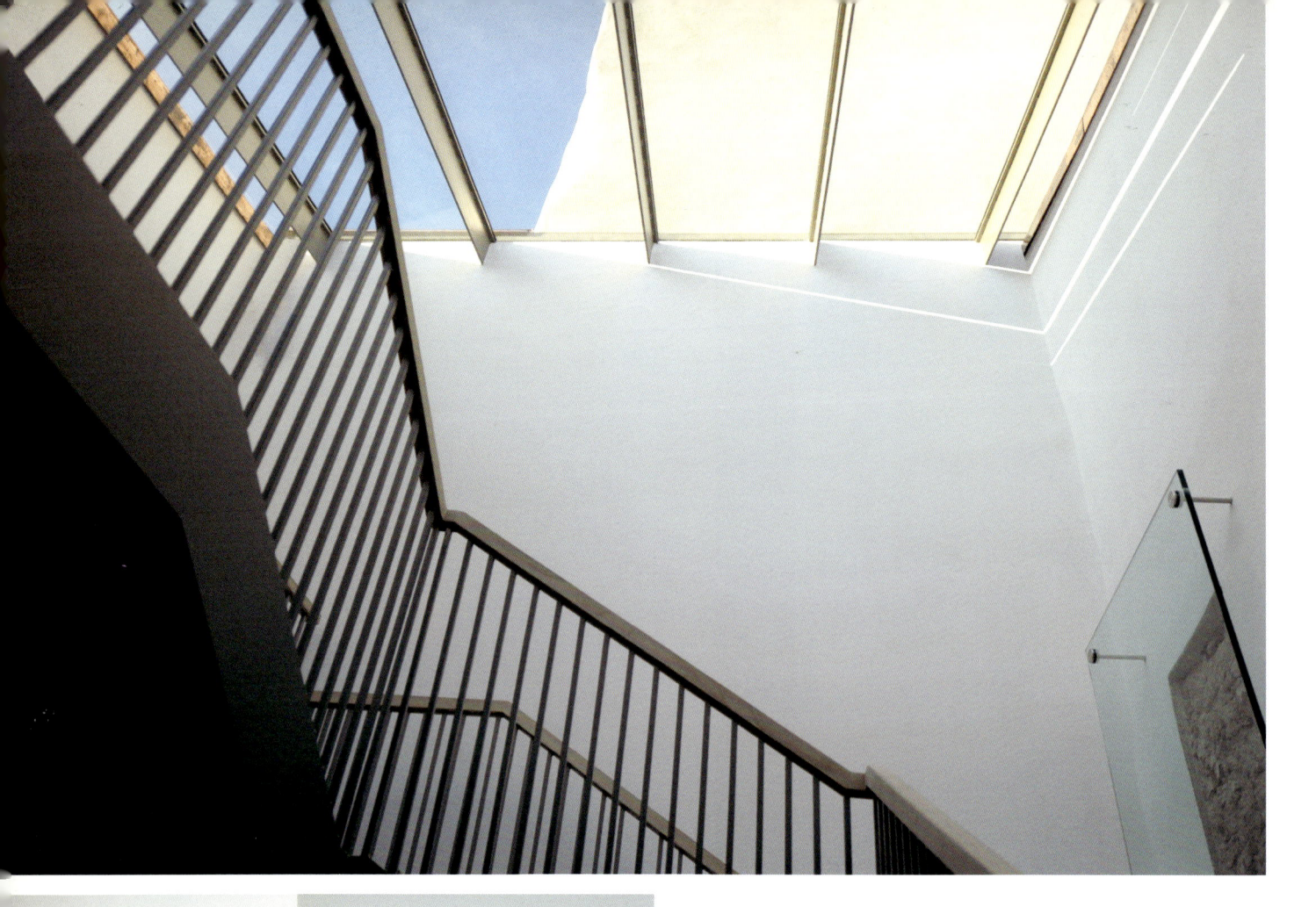

Ein Glasdach überdeckt das neue Treppenhaus im Rückgebäude – ein Schlitz im Putz lässt in die Vergangenheit blicken.

Die Wohneinheit im Zwischenbau erstreckt sich über zwei Etagen. Die Treppe dient zugleich als Einbauschrank und trennt den Koch- vom Wohnbereich.

Die nördliche Hauswand (rechts) wurde steinsichtig gelassen – sie steht in reizvollem Kontrast zum Eichenholz der Treppe. Die Wohnung wird durch ein Glasoberlicht mit zusätzlichem Tageslicht versorgt.

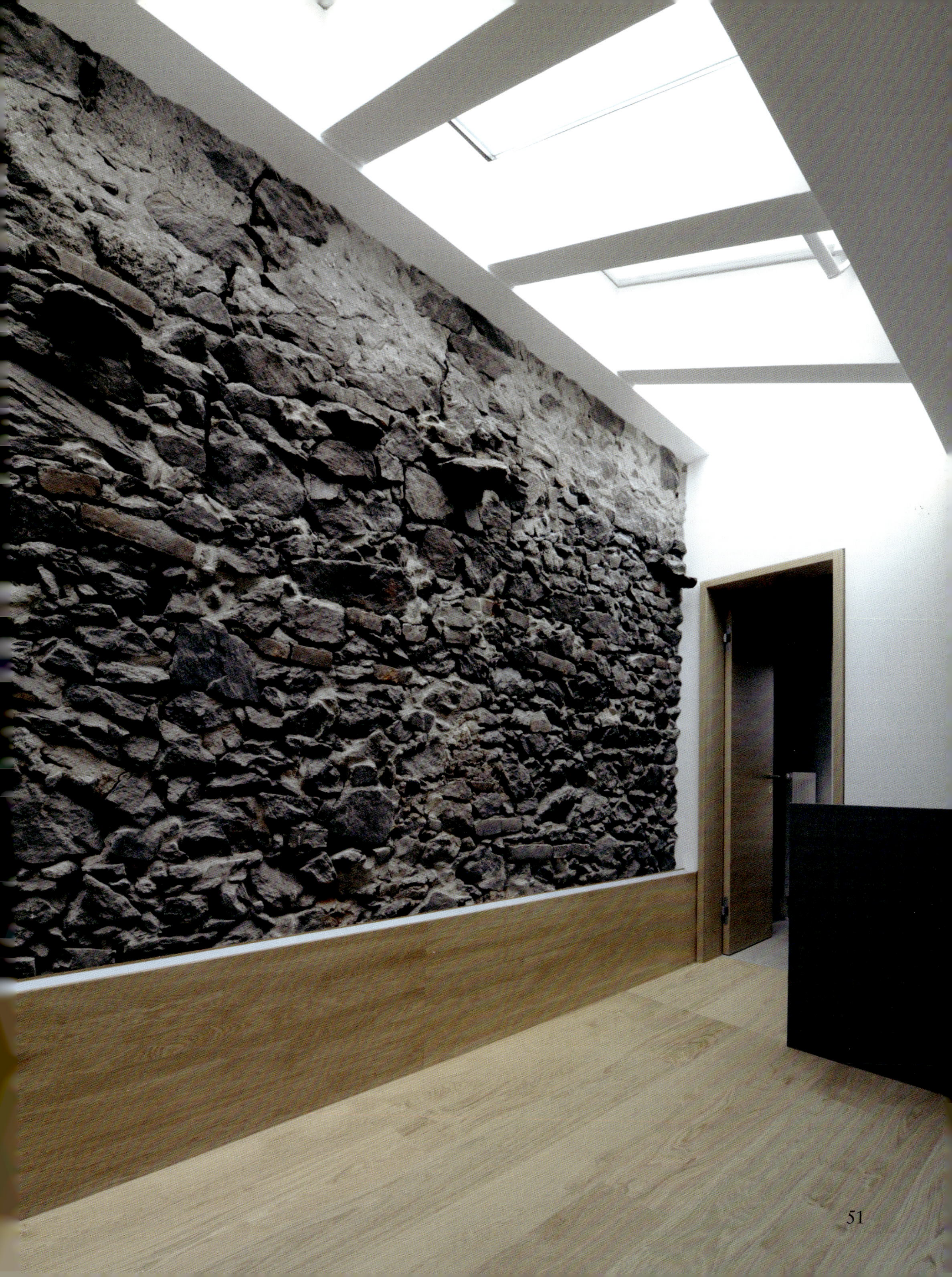

Die beiden Etagen der Wohnung sind durch eine freitragende Eichentreppe verbunden. Die Belichtung des Dachraums erfolgt über eine lange Schleppgaupe mit Schiebefenster, die einen schönen Blick auf Veste Oberhaus und Rathausturm freigibt. Die Lowboards, die aus alten Balken hergestellt sind, bieten nicht nur zusätzlichen Stauraum, sondern auch Platz für die indirekte Beleuchtung.

Glasschiebeelemente ermöglichen den Wechsel zwischen den Funktionsbereichen Kochen, Essen und Wohnen.

Die Wohnung im zweiten Obergeschoss des Haupthauses begeistert mit den frei gelegten Stuckdecken in historischer Farbfassung.

Im Bad wird die marode Stuckdecke nur im Randbereich saniert, der Rest verschwindet unter einer abgehängten Decke. Die frei gelegten Bereiche werden durch die indirekte Beleuchtung in Szene gesetzt.

RATSCHLÄGE FÜR DIE ALTBAUSANIERUNG

TIPP

Rohmessing wirkt antibakteriell

In den historischen Villen des Jugendstils und der Gründerzeit findet man häufig Tür- und Fenstergriffe aus Rohmessing. Messing ist eine Metall-Legierung aus Kupfer und Zink. Auf den Kupferanteil ist die antibakterielle Wirkung von Rohmessing zurückzuführen. Kupfer ist als ein essentielles Spurenelement an einer Reihe von natürlichen Stoffwechselvorgängen beteiligt, die für ein normales, gesundes Wachstum und die Fortpflanzung aller höheren Lebewesen unbedingt notwendig sind. Auf niedere Mirkroorganismen wirken dagegen bereits kleine Konzentrationen von freien Kupferionen schädlich. Bakterien können auf Kupfer nicht leben. Diese Tatsache kann in der Hygiene genutzt werden.

Türgriffe und Türklinken aus unlackiertem Messing brauchen nicht gereinigt zu werden, auch wenn sie täglich von vielen Händen berührt werden. Sie sind nicht nur immer blank, sondern aufgrund der antibakteriellen Wirkung des Rohmessings auch hygienisch rein. Daher empfiehlt sich ihr Einsatz nicht nur in Privatgebäuden sondern z. B. auch in Krankenhäusern.

ADRESSEN
www.weinzierl.com
www.messing-zawadski.de

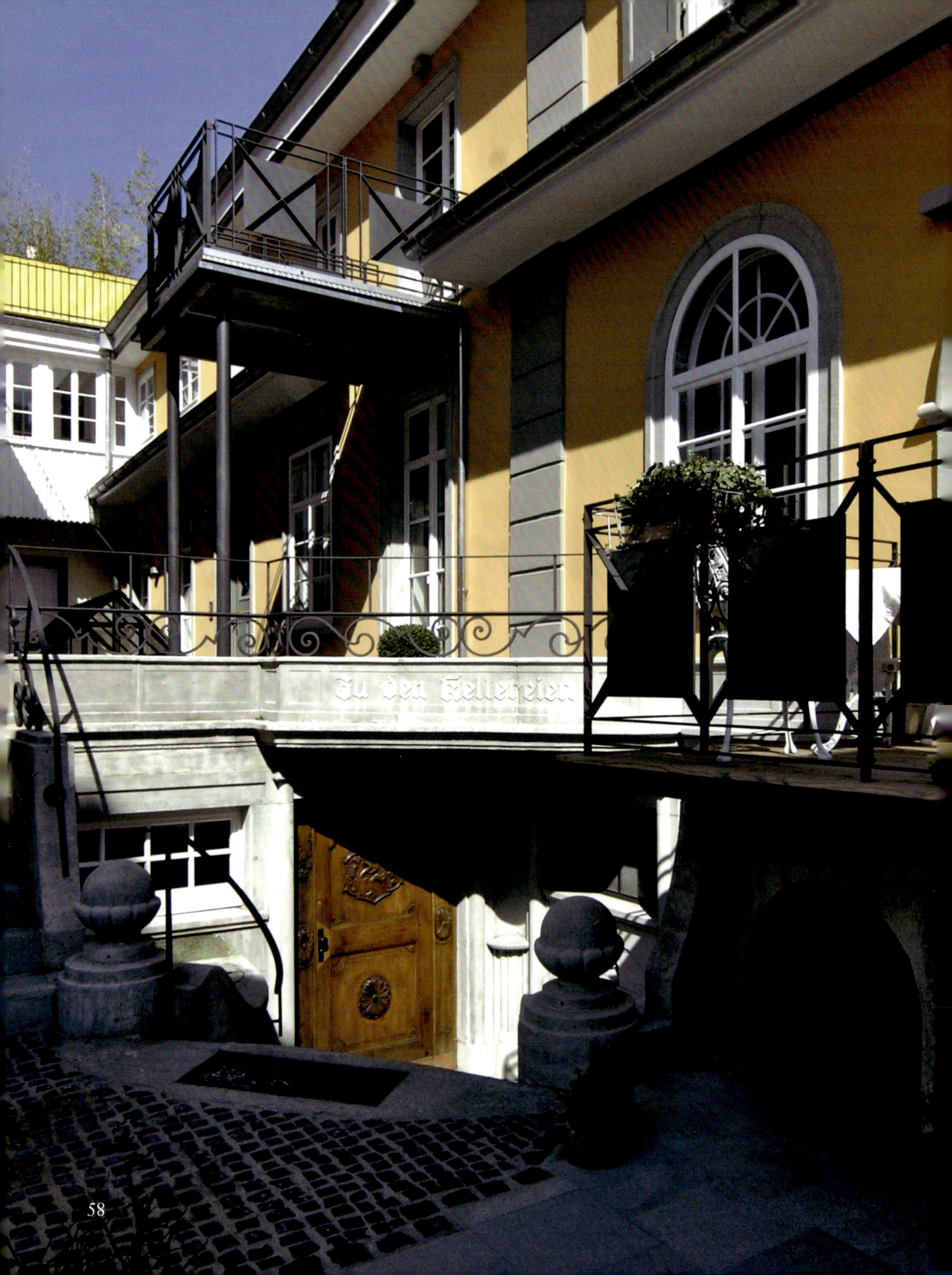
Zu den Kellereien

So schön kann Alt sein

Dieser Gebäudekomplex entstand in den Jahren 1887 bis 1888 als Geschäftshaus eines Weinhändlers. 1925 wurde das langgestreckte Rückgebäude als Keltereianbau errichtet. Die repräsentative Villa zeigt mit ihrem blockhaften Baukörper, der nur von der flachen Eckrustika und den Profilierungen der Fenstergewände dekoriert wird, noch das Nachleben der zurückhaltend vornehmen Gestaltungsweise der Biedermeierzeit.

Die Aufgabe des Architekturbüros bestand darin, die bestehende Villa komplett zu sanieren und auf den heutigen Stand der Technik zu bringen. Das bestehende Dachgeschoss wurde zu einem Wohnraum ausgebaut – entsprechende Balkonanbauten sowie eine Dachterrasse wurden realisiert, um die Villa einer modernen Nutzung zuzuführen.

Im Inneren des Hauses wurden viele Details originalgetreu restauriert und mit modernen zeitgemäßen Einbauten ergänzt. Eine Tiefgarage befindet sich in den früheren Kellerräumen. Neben erheblichen statischen Maßnahmen im Kellergeschoss ist das komplette Gebäude überarbeitet und ausgebaut. Der Großteil der Wohnungen wurde von Eigentümern erworben, die einen hohen individuellen Anspruch an den jeweiligen Ausbau stellten. So sind hier zwölf völlig unterschiedliche Wohnungen mit verschiedenen Wohnstilen und Ausbaustandards entstanden. Die besondere Herausforderung dieses Bauvorhabens bestand darin, die vielfältigen Ansprüche und Nutzungen sowohl technisch als auch gestalterisch unter einem Dach zu vereinen. Durch vollständiges Ausnutzen der bestehenden Volumina wurde eine hohe Wirtschaftlichkeit des Gebäudes erreicht.

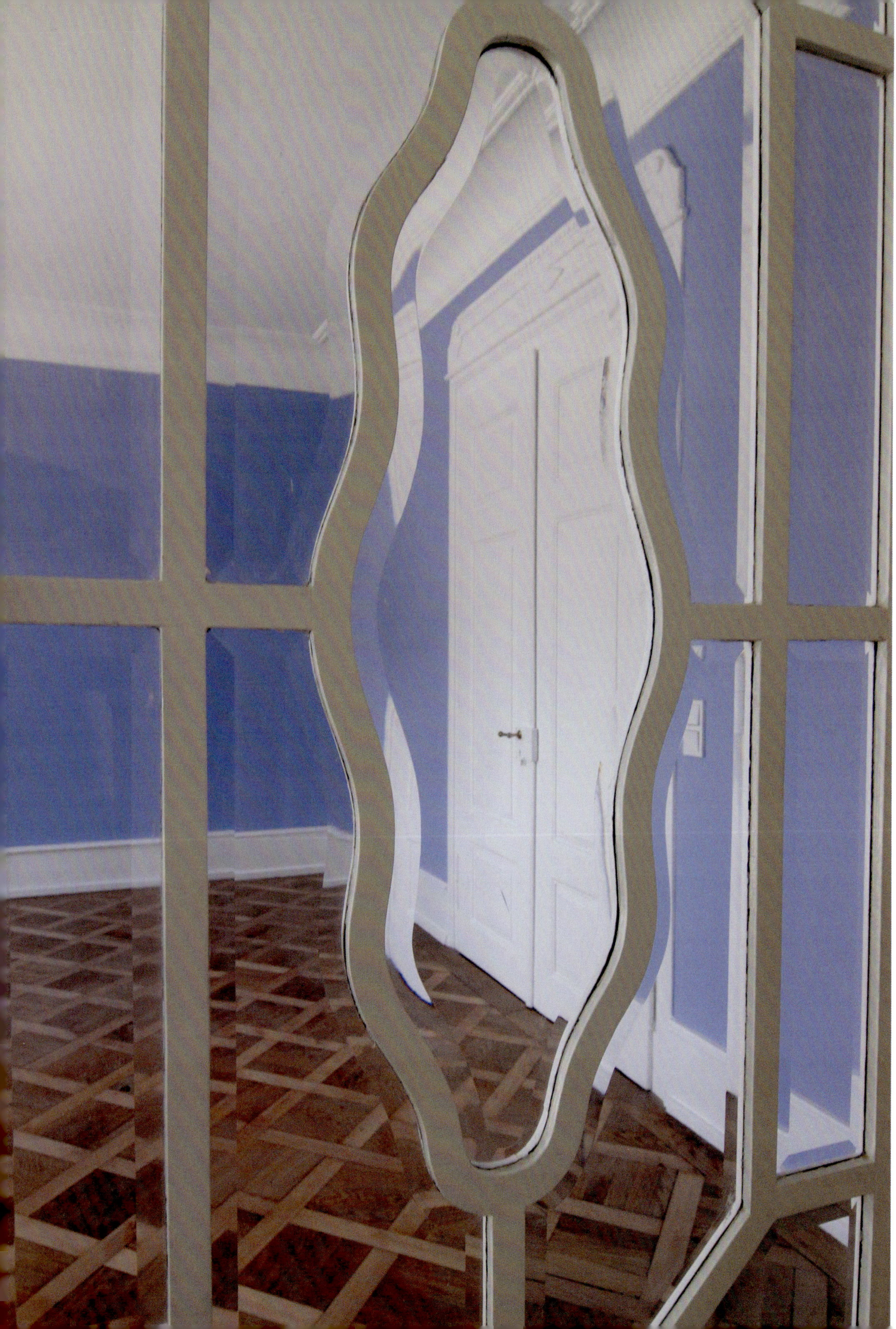

Der bestehende Fliesenboden wurde gereinigt und mit Originalfliesen ergänzt. Die kubischen Möbel aus Kirschholz sind Sonderanfertigungen des Schreiners.

Die Arbeitsplatte wurde in Granit, die Steckdosen und Schalter auf Kundenwunsch in Bakelit ausgeführt.

Die Fenster und Türen sind nicht ausgetauscht sondern restauriert worden.

Der alte Parkettfußboden wurde ausgebaut – eine neue Dämmung eingebracht – und dann wieder eingesetzt, abgeschliffen und frisch lackiert.

Die Glastüren sind Original und wurden restauriert. Das Farbkonzept entwickelte die Bauherrin.

Die Bäder erhielten moderne Einbauten. Da jeder Bauherr eigene Stilvorstellungen hatte, bekam jede Wohnung eine individuelle Badgestaltung.

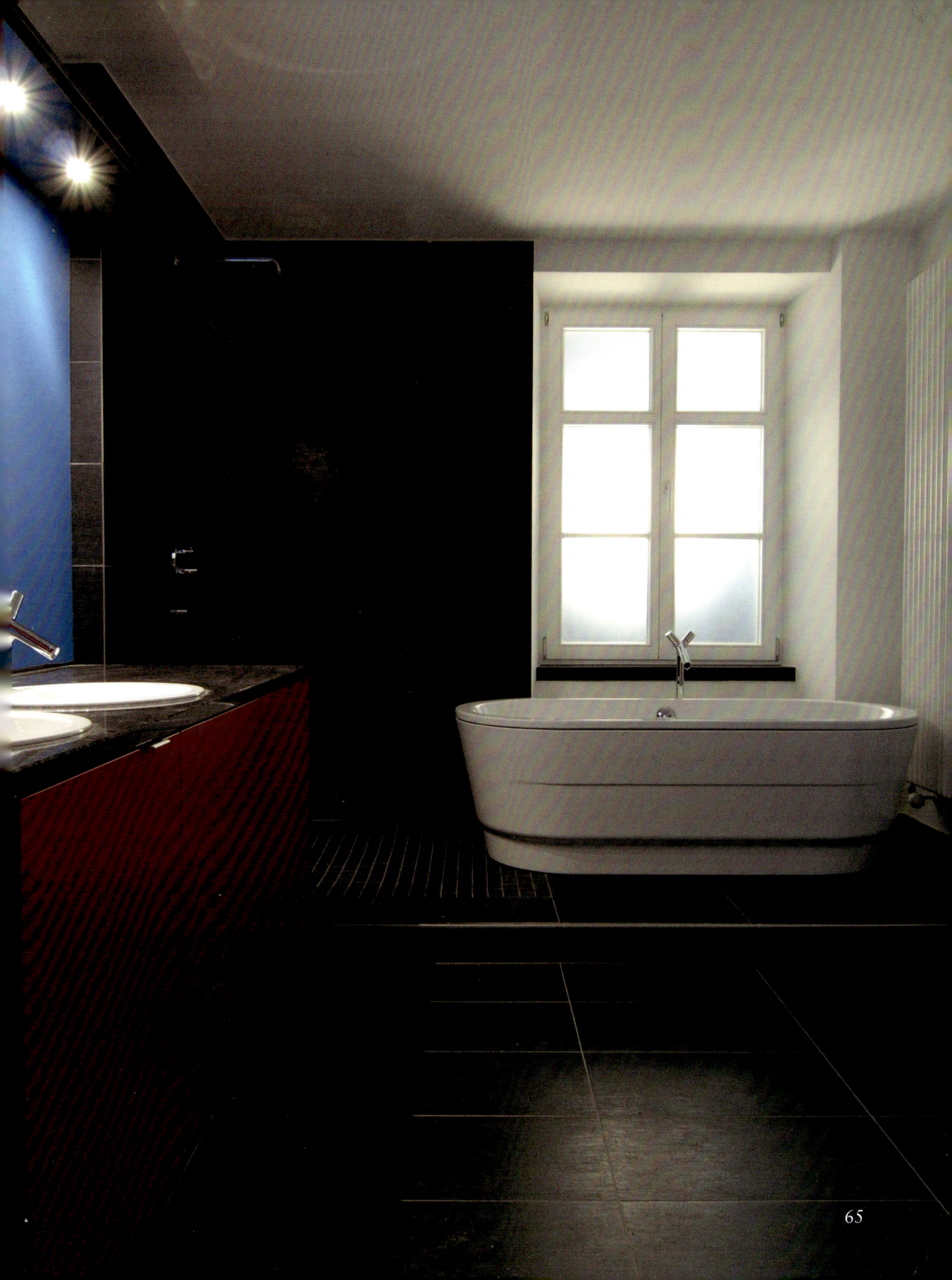

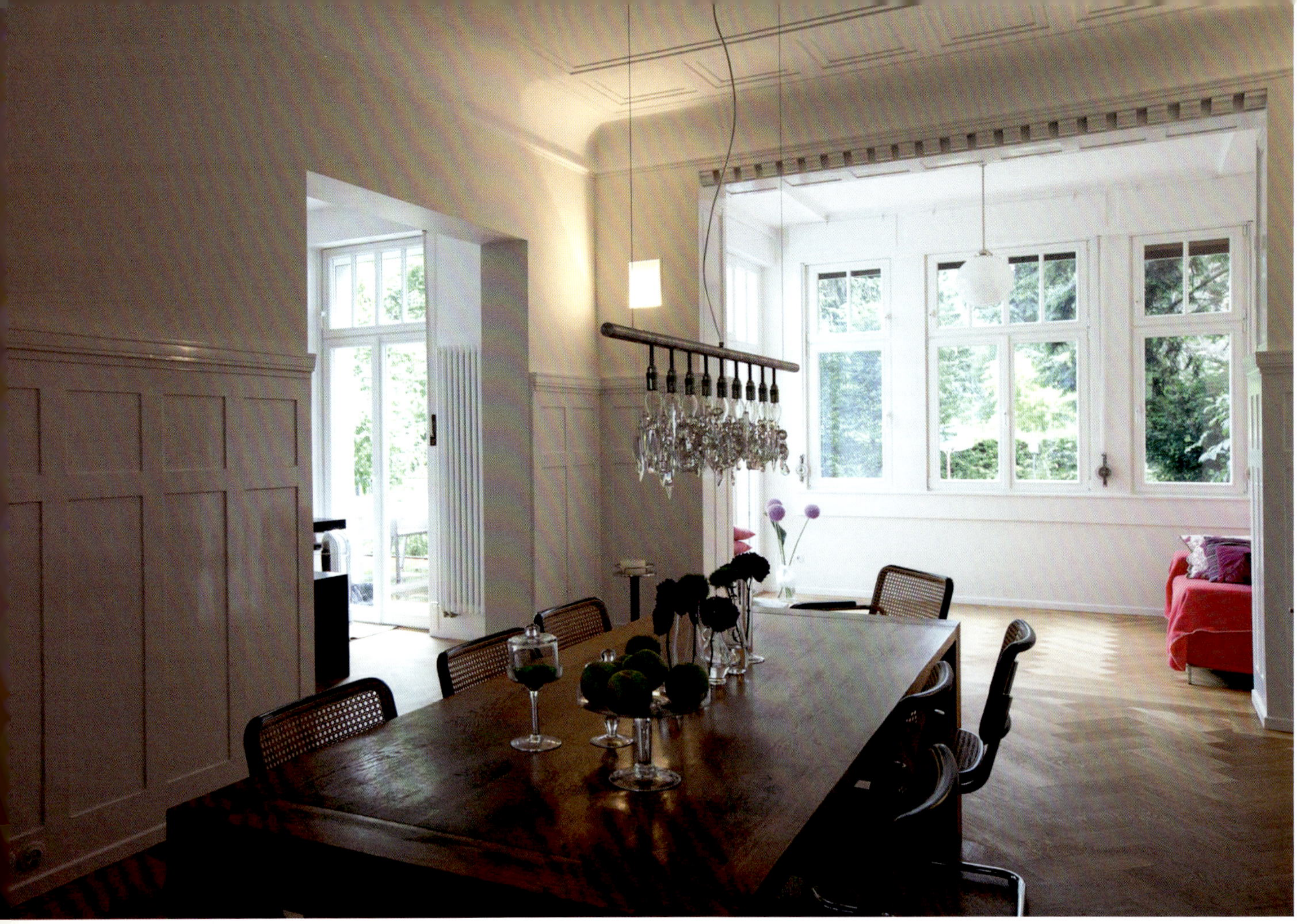

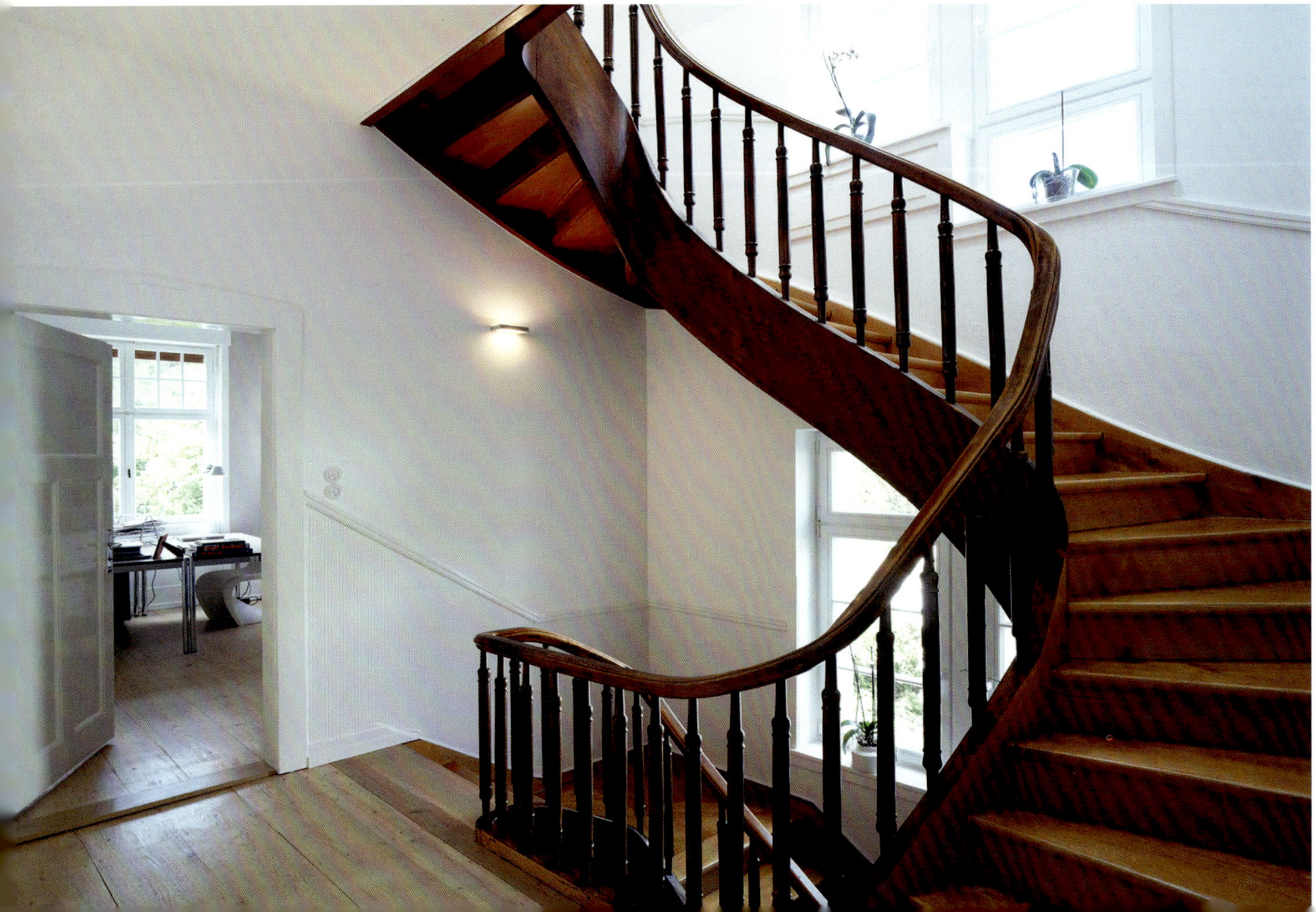

B.A.S. Dipl. Ing. Peter Begon | Frankfurt am Main
www.bas-architekten.de

Jugendstilhaus neu erblüht

Wohnhäuser sind immer ein Ausdruck der Persönlichkeit ihrer Bewohner und ihrer Entstehungszeit. Bei diesem Umbau spürt man, dass Neues sehr dezent in Kommunikation mit dem Vorhandenen tritt. Die Bauherrschaft wollte keinen repräsentativen Umbau, sondern schlichte Eleganz. Hier trifft nicht eine überzogen geforderte Moderne in brutaler Weise auf das Alte, sondern fügt sich in eine gewachsene Umgebung ein, als sei dies immer so gewesen. Die Vernetzung von Bestehendem mit Neuem ist bei diesem Bauvorhaben beispielhaft gelungen.

Durch die neue Anordnung der Räume entstehen großzügige Sicht- und Raumachsen. Vorgefunden wurden in der Jugendstilvilla historische Ofeneinfassungen, Wandvertäfelungen, Stuck, Kastenfenster, Lincrusta-Tapeten und Marmorwaschbecken als Zeugen der Geschichte, mit denen behutsam umzugehen war. Die geschwungene Treppe verleiht dem Haus eine besondere Leichtigkeit und Anmut. Sie blieb in ihrem Ursprung erhalten und wurde lediglich nachgearbeitet. Die dunklen Vertäfelungen erhielten einen weißen Farbanstrich, was den Räumen mehr Frische verleiht. Dem Wintergarten wurde eine neu angebaute Terrasse zugeordnet.

Das besondere Augenmerk beim Innenausbau lag auf der hohen handwerklichen Qualität. Alle modernen Einbauten, wie Küche und Bad, sind Entwürfe der Architekten und funktional, gradlinig und zeitlos gestaltet.

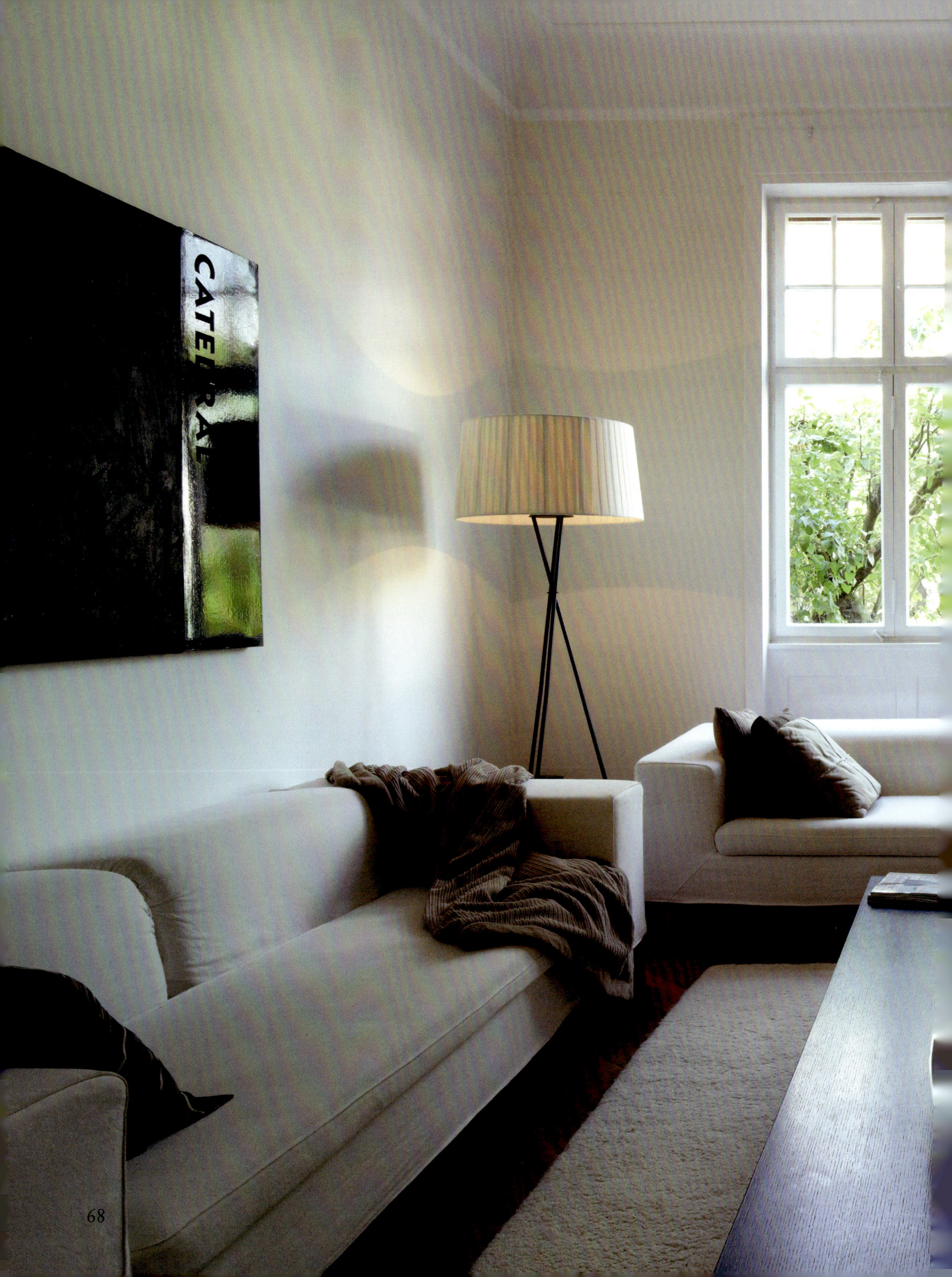

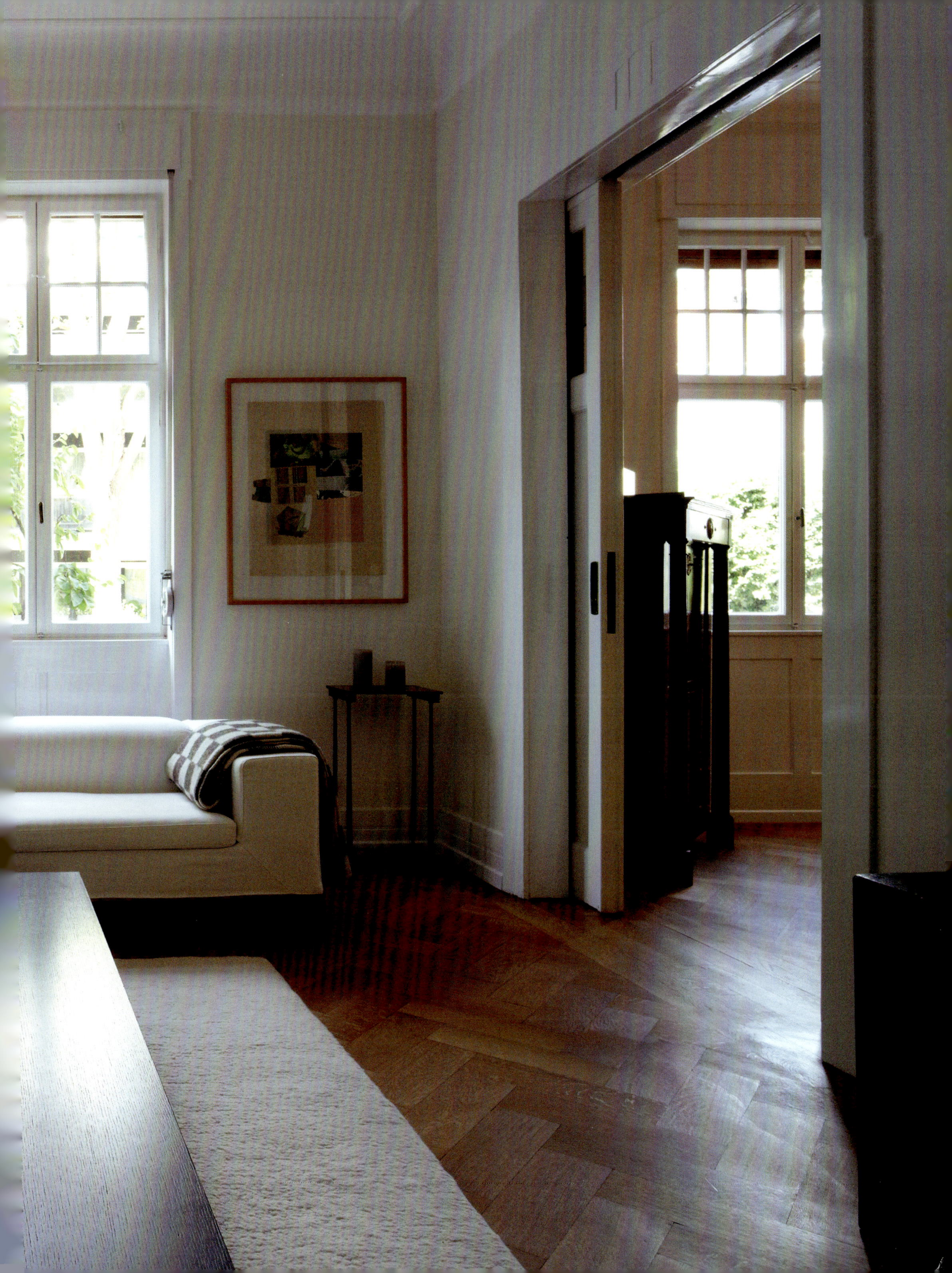

Ein Geländer aus Flachstahl fügt sich sich dezent in die Terrassengestaltung und erlaubt einen ungestörten Blick in den Garten.

Mit der reduzierten Eleganz des „weniger ist mehr" reflektiert die Badgestaltung die Großzügigkeit des Raumes.

Die historischen Wandvertäfelungen aus dem Jugendstil sind erhalten und hell gestrichen worden.

Das originale Marmorwaschbecken wurde aufgearbeitet.

Im Badezimmer teilt eine Trennwand Dusche und Badewanne.

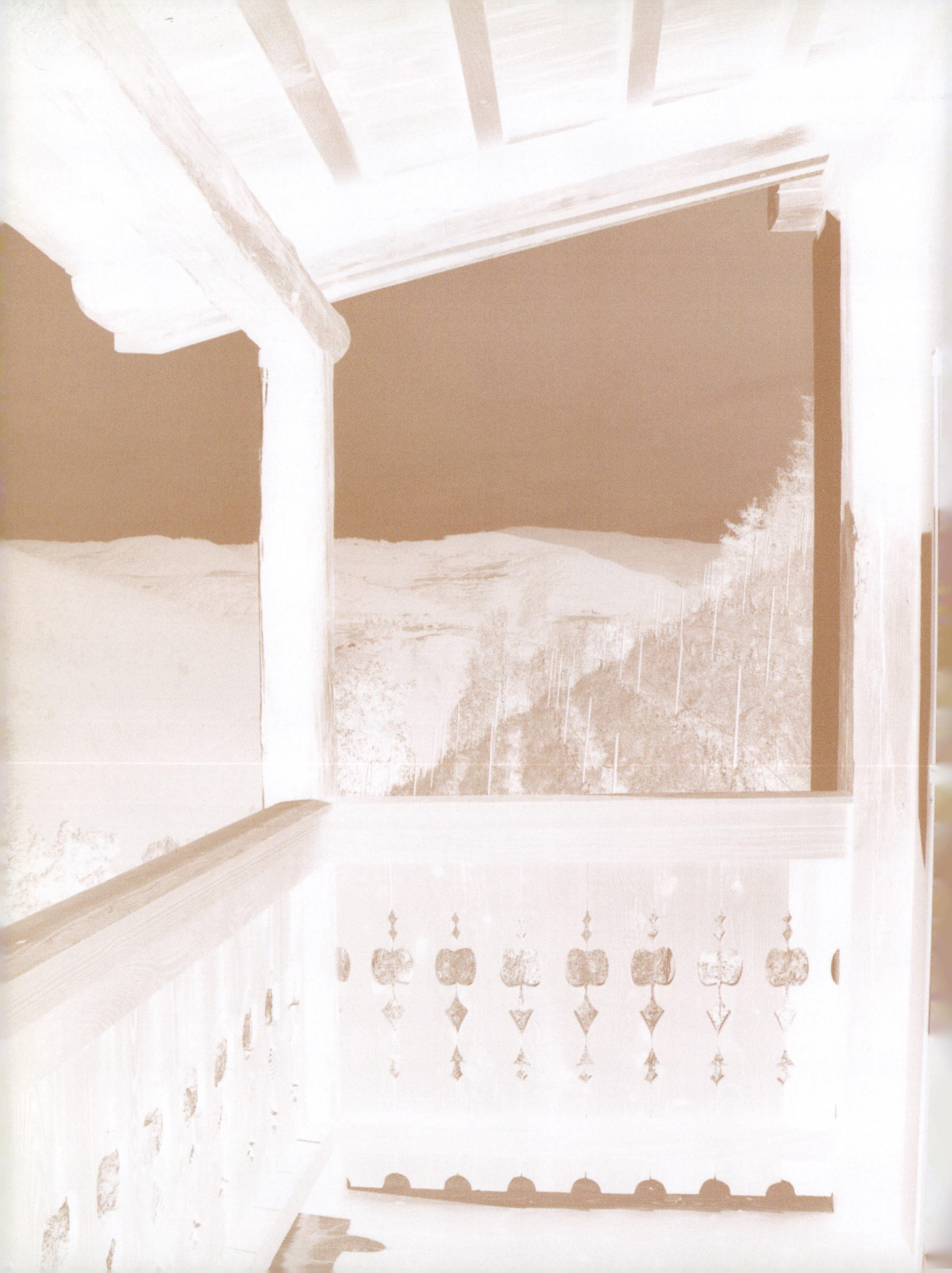

Holzschutz ohne giftige Inhaltsstoffe

Wer die Absicht hat ein altes Haus zu kaufen, sollte zuallererst die Holzbauteile kritisch begutachten. Von den 1970er- bis in die 1980er-Jahre wurden oft hoch toxische, dioxin- und xylamonhaltige Holzschutzmittel verwendet. Die damaligen Anwender wussten nicht, dass sie gesundheitsschädliche Produkte im Innenbereich verarbeiteten und sich somit einer schleichenden Vergiftung aussetzten. PCP ist in Deutschland seit 1989 verboten. Furmecyclox und Dichlofluanid werden aber weiterhin als Biozide in herkömmlichen Holzschutzmitteln verwendet. Ein Dachstuhl zählt übrigens gemäß DIN zum Außenbereich, in dem chemische, biozidhaltige Holzschutzmittel verwendet werden dürfen. Falls hier jedoch ein späterer Ausbau zu Wohnraum geplant ist, sollten Sie unbedingt auf biologische Holzschutzmittel zurückgreifen.

Um Holz effektiv vor Pilzbefall und gegen Insekten zu schützen, benötigt man keine giftigen Substanzen, sondern sachverständige Planer und Handwerker. Dieser Meinung ist Ingo Hoß, Zimmermeister, Restaurator und Sachverständiger für giftfreien Holzschutz, der seit mehr als 23 Jahren selbstständig in der Denkmalpflege und im ökologischen Holzbau tätig ist. Wenn bei aktivem Hausschwamm, Schimmelpilz- oder Insektenbefall tatsächlich Holzschutzmittel eingesetzt werden müssen, greift er seit über zehn Jahren auf die giftfreien Produkte der Firma MASID zurück. Selbst gegen Termiten, die sich mittlerweile in vielen Hafenstädten Europas zu einer Plage entwickelt haben, lässt sich dieser ungiftige, auf Verkieselung basierende Holzschutz einsetzten.

ADRESSEN
www.holzart-hoss.de
www.masid.de

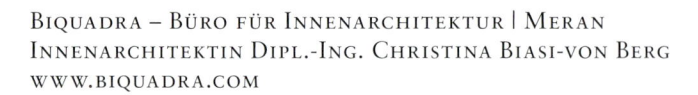

BIQUADRA – BÜRO FÜR INNENARCHITEKTUR | MERAN
INNENARCHITEKTIN DIPL.-ING. CHRISTINA BIASI-VON BERG
WWW.BIQUADRA.COM

Wiedergeburt an der Meraner Altstadtmauer

1877/1878 baute sich Josef Wassler, ein bekannter Meraner Kunsthandwerker, Kunsttischler, Zeichner und Bildhauer, ein „Hochhaus-Anwesen" in der historischen Altstadt von Meran, als Wohnhaus mit Werkstatt für sich und seine Familie. Ende der 1930er-Jahre als Zweifamilienwohnhaus umgestaltet, stand das seit mehreren Jahren für unbewohnbar erklärte Gebäude verlassen und seinem ruinösen Schicksal ausgeliefert. Vor einigen Jahren erstand es ein Meraner Unternehmer, um aus der Ruine wieder ein lebendiges Stadthaus zu machen.

Die Herausforderung für die Planer war aus der Ruine, unter den strengen Auflagen des Meraner Altstadt-Wiedergewinnungsplans, ein Einfamilienhaus mit zeitgemäßen Nutzungsmöglichkeiten zu machen und dabei den ursprünglichen, historischen und kunsthandwerklichen Geist des Hauses zu bewahren. Der ruinöse innere Zustand des Hauses machte grundlegende Eingriffe in den Bestand nötig. Dies bot jedoch die Möglichkeit, die Räume entsprechend der neuen Nutzung neu und flexibel zu strukturieren, zu öffnen und zu erweitern. So entstanden lichtdurchflutete, großzügige Innenräume mit einer zeitgenössischen Wohnqualität. An der Fassade wurde mit einem Restaurator zusammengearbeitet, um diese in neuem Glanz und kunsthistorisch gerecht erstrahlen zu lassen. Gleichzeitig wurde jede mögliche Maßnahme zur energetischen Optimierung im Altbestand realisiert, immer in Anbetracht einer sinnvollen Kosten-Nutzen-Rechnung.

Aufgrund seiner äußeren Erscheinung, insbesondere wegen der neugotischen Zinngiebel und der Holzveranda, wurde das Haus als ensembleschutzwürdig befunden. Das gotische Eingangstor wurde unter Denkmalschutz gestellt.

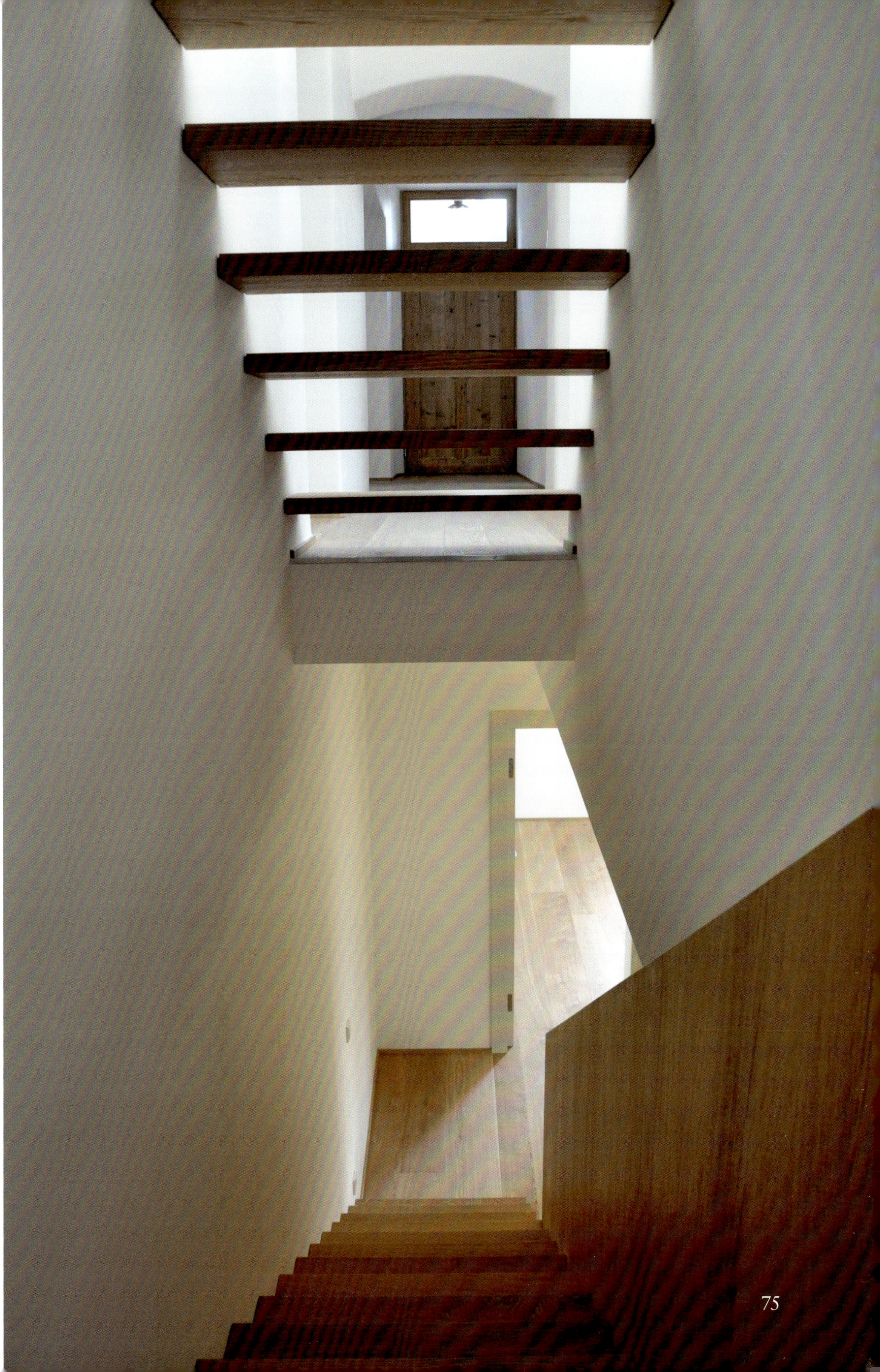

Mit viel Liebe und Gefühl, in enger Zusammenarbeit mit dem Bauherrn und dem städtischen Bauamt gelang es, ein kleines Stück Kulturgeschichte in einem der ältesten Stadtteile von Meran wiederzubeleben.

Das zweistöckige Stadtwohnhaus bietet nach der Entfernung einiger Wände eine zeitgemäße Wohnqualität mit lichtdurchfluteten Innenräumen.

FABI ARCHITEKTEN | REGENSBURG
WWW.FABI-ARCHITEKTEN.DE

Gründerzeit trifft 21. Jahrhundert

Nach 1850 entstand in Regensburg der erste zusammenhängende Bebauungsgürtel außerhalb des mittelalterlichen Stadtkerns. Die villenartigen zwei- bis dreigeschossigen herrschaftlichen Bauten zeugen vom damaligen Wohlstand des Bürgertums. Das über 100 Jahre alte Anwesen liegt in einem denkmalgeschützten Ensemble. Die Sanierung zeigt exemplarisch wie sich historische Gebäude neuzeitlichen Wohnbedürfnissen anpassen können, ohne dabei wertvolle Substanz zu verlieren. Durch architektonisch klare Fügungen wird alt und neu über die Zeiten hinweg verbunden.

Die Wohnungen im Erdgeschoss und im ersten Obergeschoss wurden zu einer großzügigen Wohneinheit für die fünfköpfige Familie im Sinne des ursprünglichen Bauentwurfs modern umgestaltet. Der Grundriss ist weitgehend offen gehalten. Eine neue interne Eichenholztreppe verbindet das offene Erdgeschoss mit den Individualräumen der Kinder und Gäste. Alle nach der Bauzeit hinzugefügten Elemente wurden entfernt und durch formal extrem reduzierte neue Bauteile ersetzt. Die Türen sind als rahmenlose, raumhohe Elemente ausgeführt. Bei der Farbgebung wurde dem Minimalismus der Einrichtung folgend eine Reduzierung auf die Grundtöne Weiß und Graphitgrau, mit einem warmen Eichenholzton als Ergänzung gewählt.

Die beiden Wohnebenen sind durch einen großzügigen Luftraum über dem zentralen Essbereich verbunden.

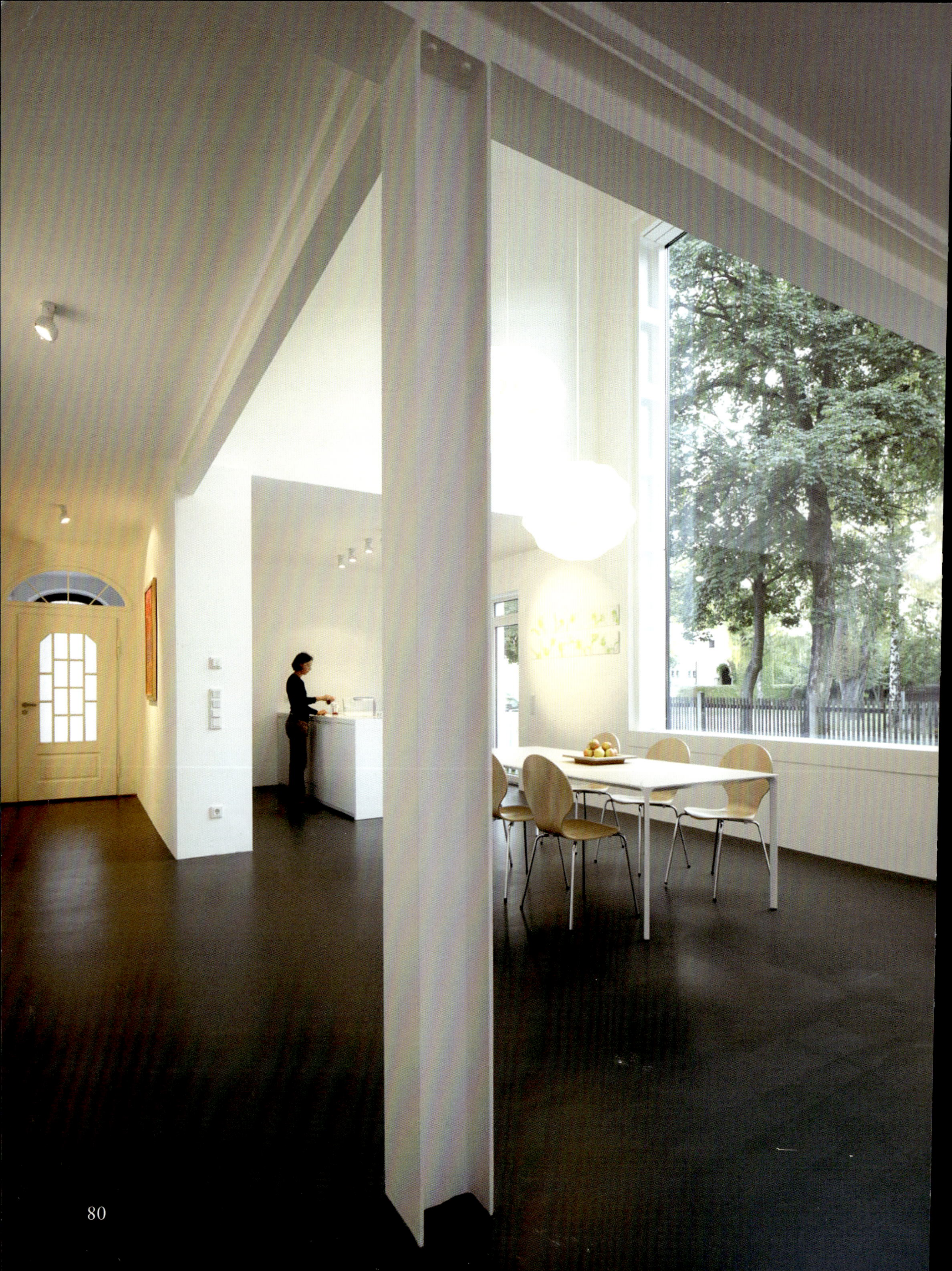

Der Boden ist in den Wohnräumen durchgängig als epoxidharzbeschichteter, fugenloser Sichtestrich ausgebildet. Alle Einbauten sind aus weißem Corian gestaltet.

Prägende Substanz, wie historische Heizkörper, Wohnungseingangstüren und Treppen, wurde restauriert und erhalten.

Die klare, reduzierte Linie des Farb- und Materialkonzepts setzt sich bis in die Details des Badezimmers fort.

Ein restauriertes altes Uhrlaufwerk im Wohnraum wird zum Kunstobjekt.

An der Westfassade öffnet sich der Luftraum mit einem neu geschaffenen zweigeschossigen, großflächigen Fenster.

Die Verglasung mit sehr schmalen Profilen ist fassadenbündig konstruiert und eindeutig der aktuellen Zeit zugeordnet.

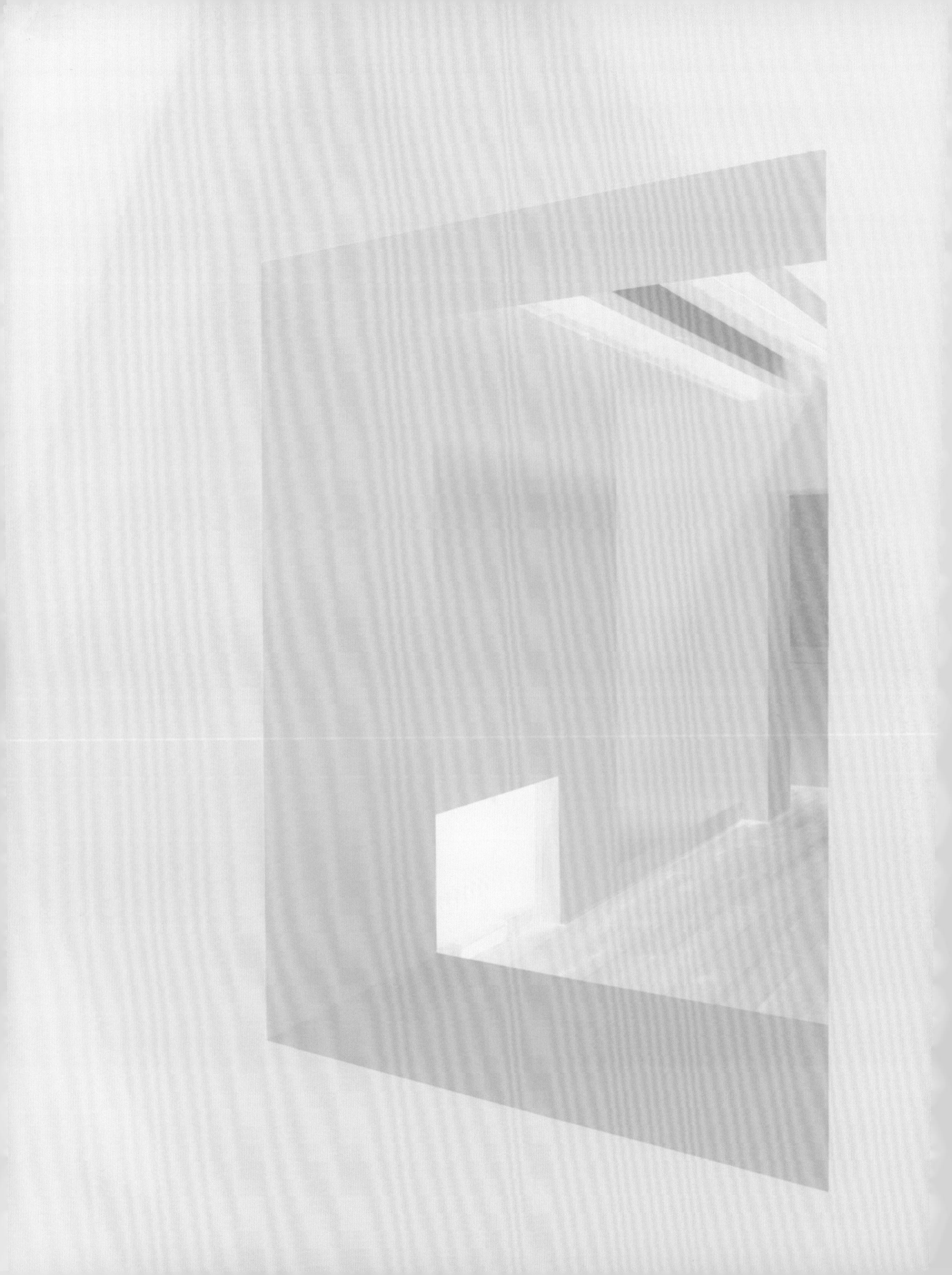

Ratschläge für die Altbausanierung

TIPP

Asbestbelastungen in Altbauten

Seit Produktionsbeginn der Asbestfaserzementplatten in den 1960er-Jahren sind davon in Deutschland Tausende von Quadratmetern auf Garagendächern, an Fassaden und auf Hausdächern montiert worden. Wie auch bei hochgiftigen Holzschutzmitteln hat die Chemie-Industrie den Verkauf dieser Produkte kräftig gefördert und die Nachfrage nach den gewellten Plattensystemen wurde schnell sehr groß – sie waren leicht zu verarbeiten, unbrennbar und preisgünstig. Erst im Lauf der Jahre kam heraus, dass die darin enthaltenen extrem lungengängigen Asbestfasern stark gesundheitsgefährdend sind und sowohl Lungenkrebs als auch Asbestose verursachen können. Die größte Gefahr besteht auch nach Jahrzehnten noch bei der Verarbeitung der Platten. Daher sollte ihre Entsorgung nur von Fachfirmen ausgeführt werden, deren Mitarbeiter, von Spezialanzügen geschützt, die Platten in sogenannte Asbest-Bigbags verpacken und zur Sondermülldeponie transportieren. Auch speziell ausgebildete und zertifizierte Zimmermanns-Betriebe bieten häufig diese Dienstleistung an.

Im Wohnbereich vieler 1960er-Jahre Häuser kann man auf Asbestverkleidungen treffen. Besonders an Kaminen wurden kleinflächige Asbestzementfaserplatten häufig als Ummantelung eingesetzt. Hier entsorgt man die Platten fachgerecht, indem vor dem Abtransport ein staubbindender Farbanstrich aufgebracht wird, damit die Fasern nicht die Innenraumluft belasten. Weitere Vorkommen asbesthaltiger Fasern sind in alten Bodenbelägen möglich. Das können z. B. Cushion-Vinyl-Bodenbeläge und Floorflex-Platten sein. Selbst in bituminösem Kleber aus dieser Zeit finden sich oft Asbestfasern in geringen Mengen.

Adressen
www.umweltbundesamt.de
www.ism-schadstoff.de

Architekturbüro Kienzl | Bozen | www.kienzl.bz.it

Liebe zur Tradition

Das kleine Bauernhaus, unweit vom geschichtsträchtigen Schloss Prösels gelegen, befand sich, nachdem es mehrere Jahrzehnte unbewohnt gewesen war, in einem desolaten Zustand. Sanitäre Anlagen waren nicht vorhanden, die Außenabschlüsse undicht, der Küchenofen nicht mehr funktionsfähig.

Das sanierte Wohnhaus sollte alle Annehmlichkeiten eines Neubaues bieten. Es wurde eine zentrale Heizanlage mit regenerierbarem Brennmaterial installiert. Die Bodenheizung wird durch den zentral positionierten Bauernofen, der mit dem Küchenherd gekoppelt ist, unterstützt. Um ein angenehmes Raumklima zu erhalten ist eine kontrollierte Einzelraumlüftung mit zentraler Lüftungsanlage vorgesehen.

Im Erdgeschoss ist der Tagesbereich, bestehend aus Eingang, WC, Küche und Stube untergebracht. Zentral führt die alte Holztreppe in das Obergeschoss, wo ein Bad und drei Schlafkammern liegen. Über die leiterartige alte Treppe gelangt man in das Dachgeschoss. Durch Anheben des Daches, welches mit einer Holzschindeleindeckung gedeckt ist, wurde es möglich, im Obergeschoss noch zwei Schlafzimmer, eine kleine Nasszelle und einen Tagesbereich unterzubringen. Hinter der Holztragkonstruktion wurde eine Verglasung angebracht, um den Tagesbereich ausreichend zu belichten.

Nach Ausloten der gesetzlichen Möglichkeiten hat sich der Bauherr entschieden, den Bestand in seiner Substanz zu erhalten.

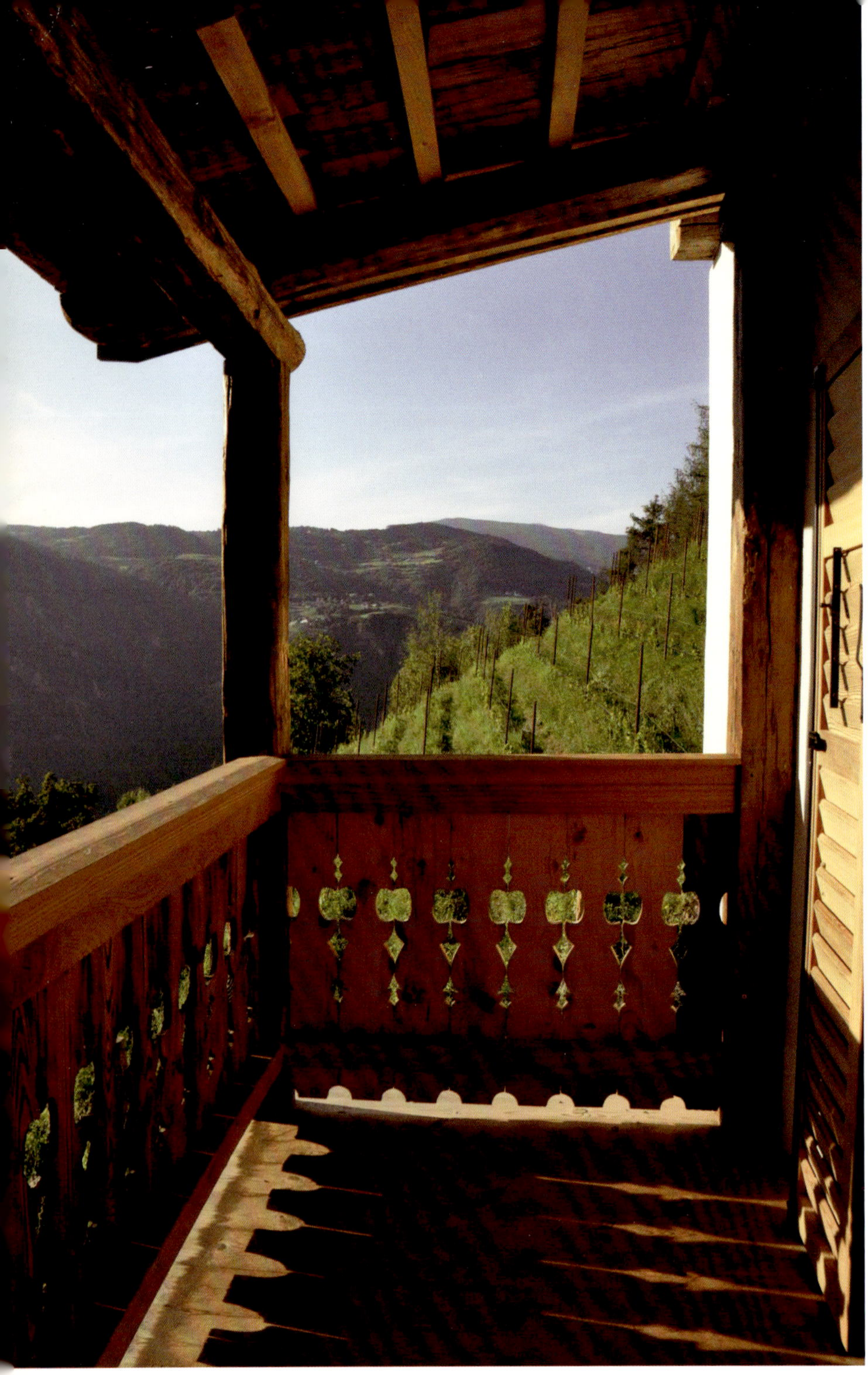

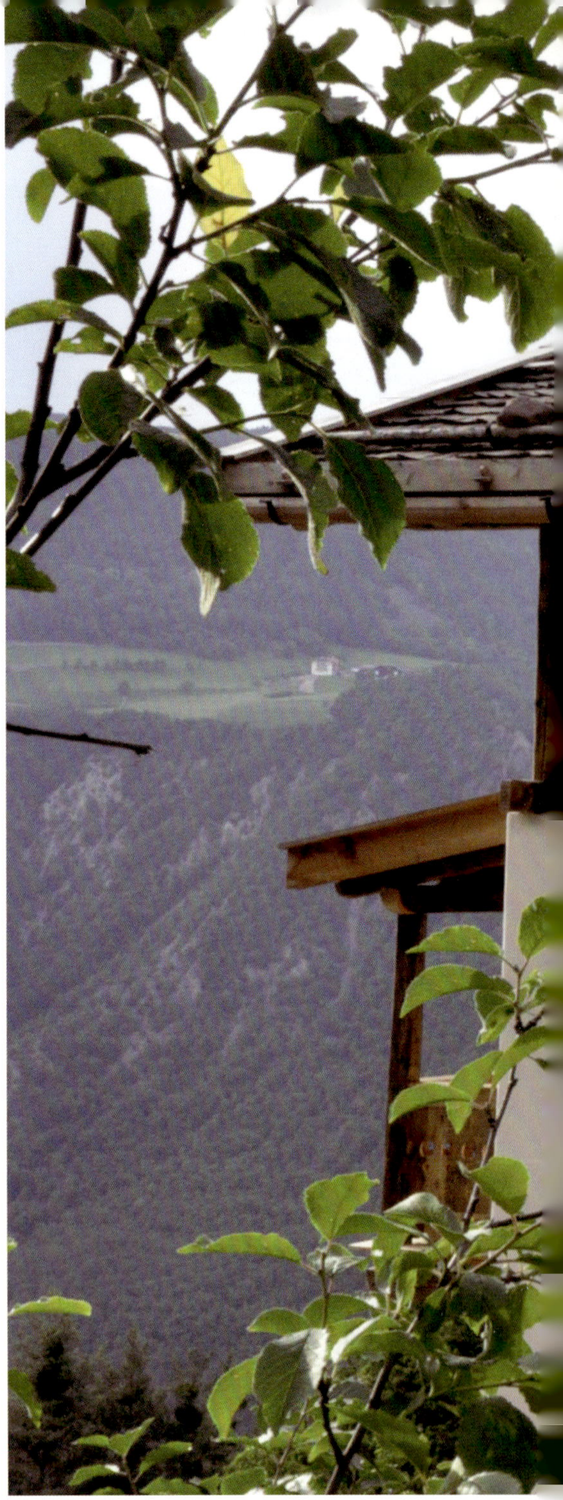

Die bestehenden Steinaußenmauern wurden mit einem Biokalkdämmputz versehen. Die Verwendung dieses Dämmsystems erlaubte es, eine leicht unebene Oberfläche zu erhalten, wie sie auch bei in der Gegend typischen, mit Kalkputz verputzten Steinmauern vorkommt.

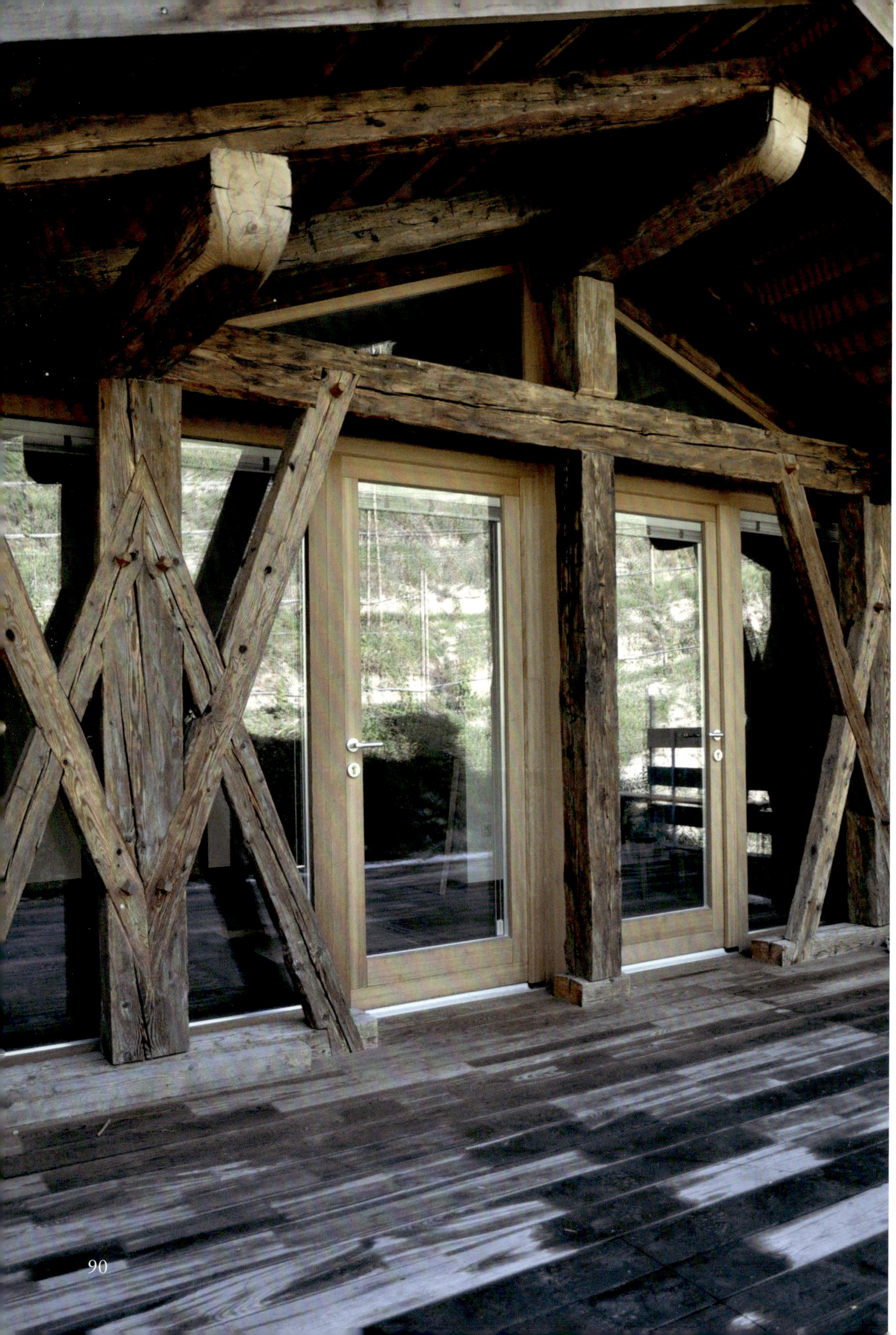

Um den Stiegenaufgang großzügig erscheinen zu lassen, wurde die Badtrennwand als Glasscheibe ausgeführt. Bad und Stiegenaufgang verschmelzen optisch miteinander. Wird das Bad benutzt, so wird die Glasscheibe per Knopfdruck undurchsichtig und die Privatsphäre geschützt.

Die bestehenden, noch verwendbaren Holzdielen des Fußbodens wurden vorsichtig abmontiert und saniert. Nach Installation der Bodenheizung konnten die Holzdielen wieder verlegt werden. Gleichermaßen wurde mit den bestehenden Holztreppen und Innentüren verfahren.

Architekturbüro Schuh | München
www.architektur-schuh.de

Innere Werte

Dachgeschosswohnung zu diesem Studioloft zu sagen wäre zu profan. Selbst verhangener Himmel über München dürfte den Bewohnern hier wenig ausmachen. Die Räume wirken so hell und frisch, als würde immer die Sonne scheinen. Die Wohnung vermittelt dem Betrachter „alegria" – Fröhlichkeit.

Für das gleiche Budget hätten sich die Bauherren ein Passivhaus im Grünen bauen können – sie wollten jedoch nicht aufs Land ziehen. Das Stadthaus, in dem dieses Loft ausgebaut wurde, steht unter Denkmalschutz und so musste vorab mit den Behörden geklärt werden, ob eine Dachterrasse und weitere Fenster in das neue Dach eingebaut werden dürfen. Das alles wurde durch Architekt und Bauamt auf den Punkt gebracht und so entstand neues „Sondereigentum" in baubiologischer Bauweise.

Die Wohnung besteht aus zwei Ebenen. Im unteren Bereich, der mit hellem Fischgrätparkett ausgelegt ist, wurde der Dachstuhl geöffnet. Über eine filigrane Stahltreppe ohne Geländer gelangt man auf die Empore mit dem Austritt zur Dachterrasse.

Der alte historische Dachstuhl wurde nach statischen und ökologischen Kriterien modernisiert. Dabei waren für Dach und Decke die Belange des baulichen Brandschutzes ebenso zu berücksichtigen wie ausreichende Maßnahmen für den Schallschutz. Eine moderne und offene Grundrissstruktur verbindet Altes und Neues harmonisch miteinander.

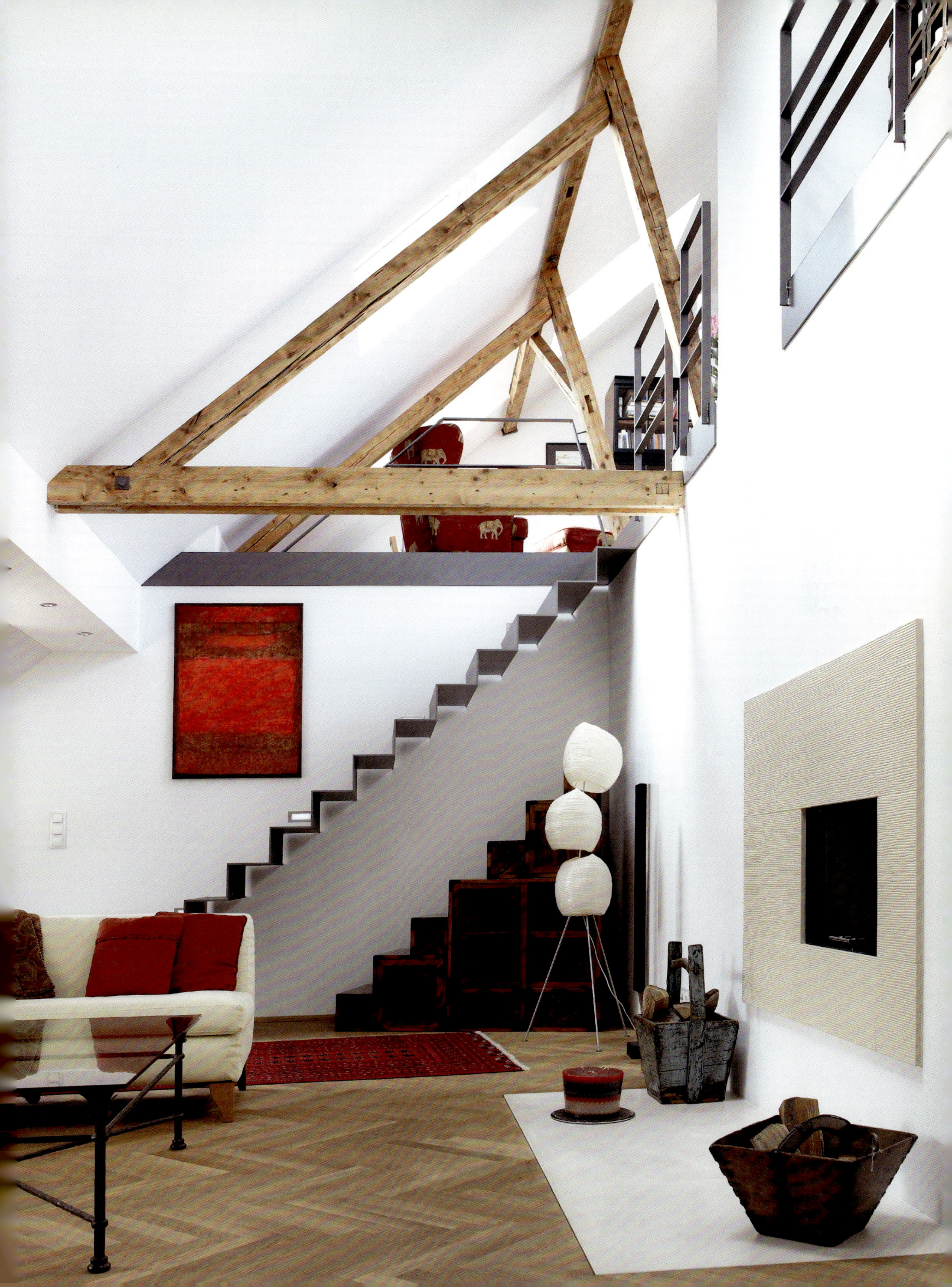

Die neue Dachterrasse bietet gleichzeitig Intimität und einen spektakulären Ausblick auf die Münchner Innenstadt.

Die großzügige Duschabtrennung aus Stein und Glas ist formal auf das gesamte Badezimmer-Interior abgestimmt.

Die verdeckte Fußleistenheizung dient als Trittstufe zur Dachterrasse.

Der offene Kamin unter der Empore lässt sich mit einer Glasscheibe verschließen.

Der dunkel gebeizte Holzdielenboden bildet einen Kontrast zu den hellen lichtdurchfluteten Wohnräumen.

Der Treppenaufgang zur Galerie ist eine Sonderanfertigung aus schwarzem Stahl und setzt skulpturale Akzente.

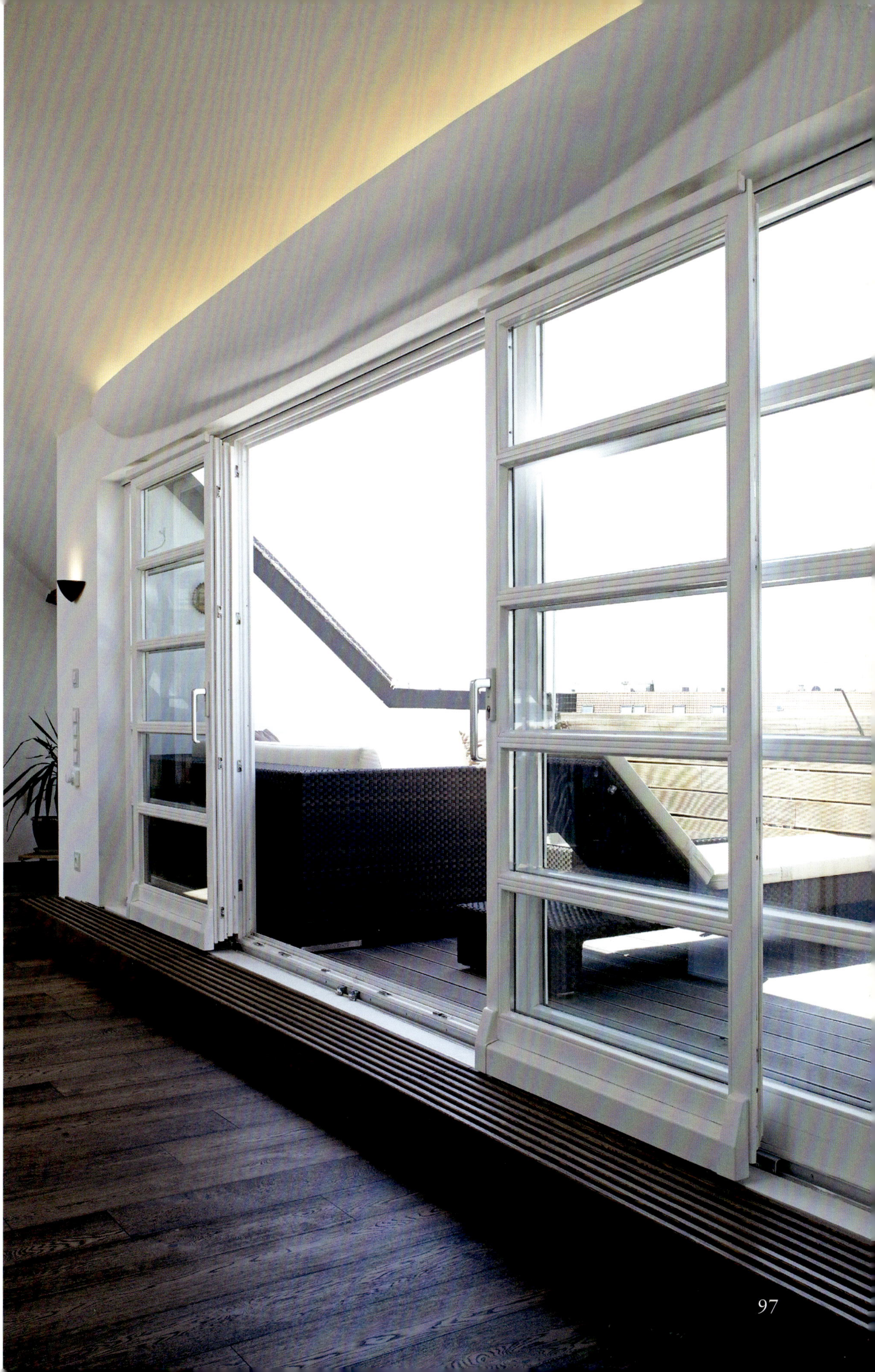

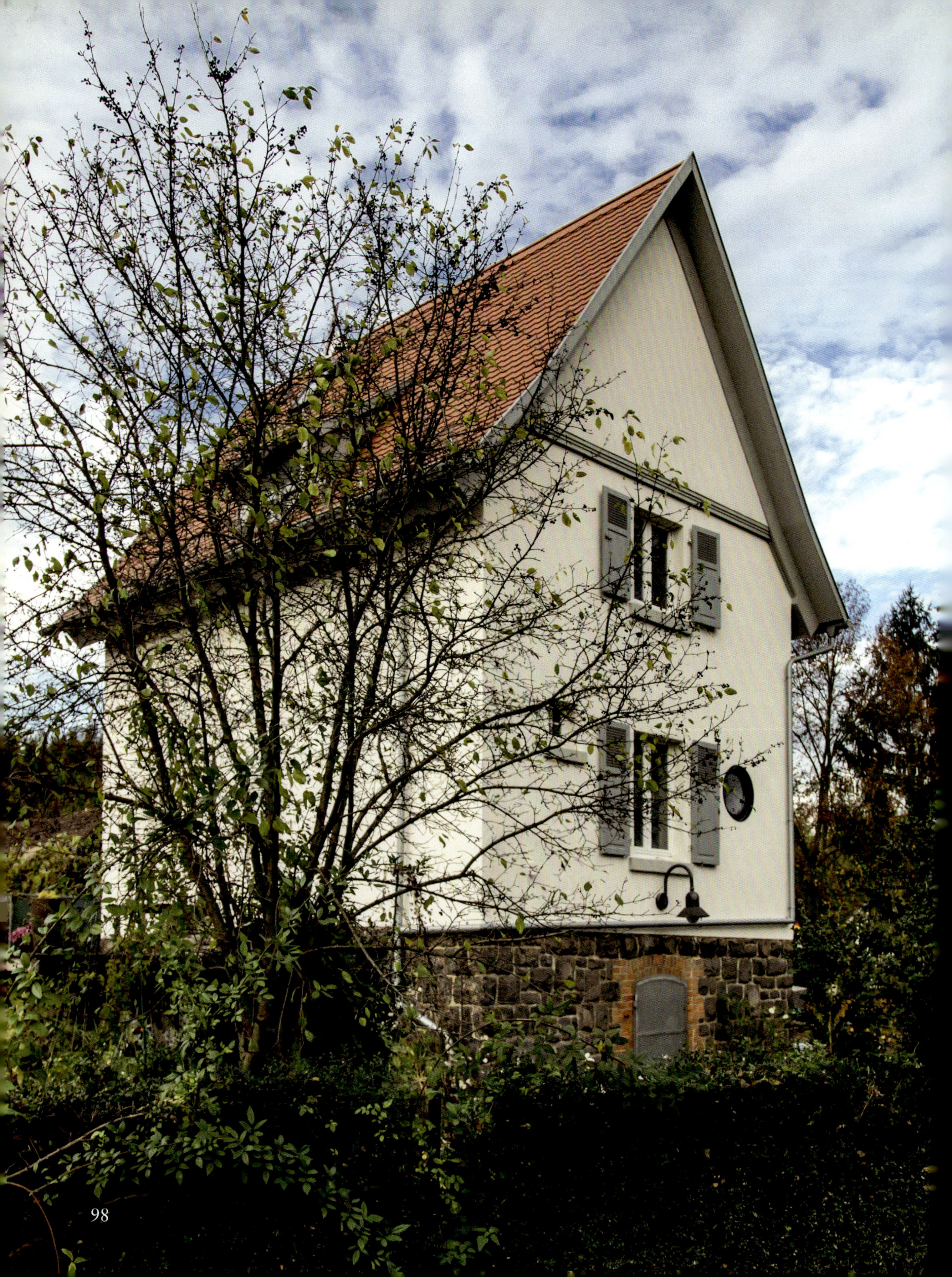

Architektin Hendrikje Schön | Bad Nauheim
www.lswarchitekten.de

Die spröde Schöne

Die spröde Schöne war in ihrem früheren Leben ein Bahnwärterhaus. Bei dem normierten Typenbau aus dem Jahr 1911 handelte es sich ursprünglich um ein zweckgebundenes Dienstgebäude aus der vorgeschriebenen Typisierungsliste von Bahnnebengebäuden. Das Haus wurde für die Käuferin interessant durch die wildromantische Lage an einem Bach und die intakte Infrastruktur des Wohnorts. Vor Bezug stand eine Kernsanierung an.

Weil der Keller keine ausreichende Stehhöhe hatte und der Boden nicht isoliert war, wurde der Fußboden während der Sanierung ca. 40 cm tief ausgegraben und anschließend mit einer Perimeterdämmung und neuer Bodenplatte, Estrich und hartgebrannten Tonfliesen versehen. Sämtliche Kellerwände wurden durch Sandstrahlen vom bröckeligen Altputz befreit und das zum Vorschein kommende vermörtelte Ziegelmauerwerk der Innenwände mit einer farblosen Grundierung verfestigt. Der Außenputz musste erneuert werden. Er hatte sich zersetzt und war sandig geworden. Die sanitäre Ausstattung und die Heizung waren vormals schlicht und primitiv. Das Plumpsklo im Garten war noch vorhanden.

Ein Kanalanschluss wurde gelegt, eine neue Heizung und ein zeitgemäßes Badezimmer eingebaut. Durch ein Bullaugenfenster im Badezimmer hat man einen Blick auf den direkt am Haus vorbeifließenden Bach. Das Dach ist mit neuen Ton-Biberschwänzen gedeckt und die Aufdachdämmung entspricht den Vorschriften der Energieeinsparverordnung.

Über die Holzterrasse gelangt man ins Innere des Gebäudes. Eine aufwendige Betonpfeiler-Gründung war aufgrund der schlechten Bodenverhältnisse erforderlich.

Der Basaltsockel des Kellers wird durch recyceltes altes Basaltkopfsteinpflaster und Basaltfindlinge aus Steinbrüchen der Region wieder aufgenommen. Schweinetröge aus rotem Sandstein sind in das Pflaster integriert und mit sonnenverträglichen Dickblattgewächsen bepflanzt.

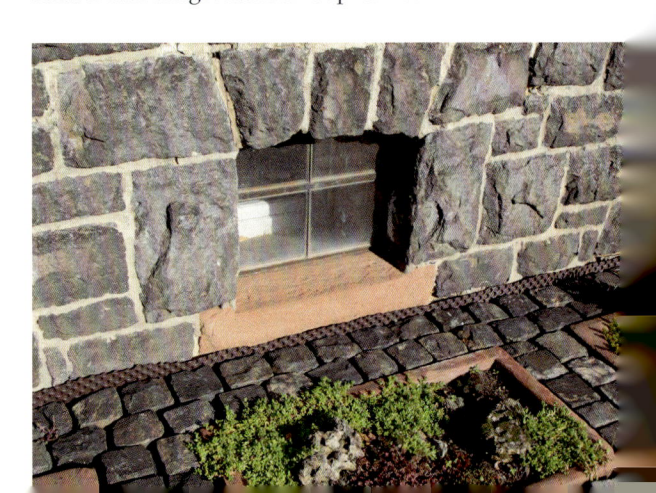

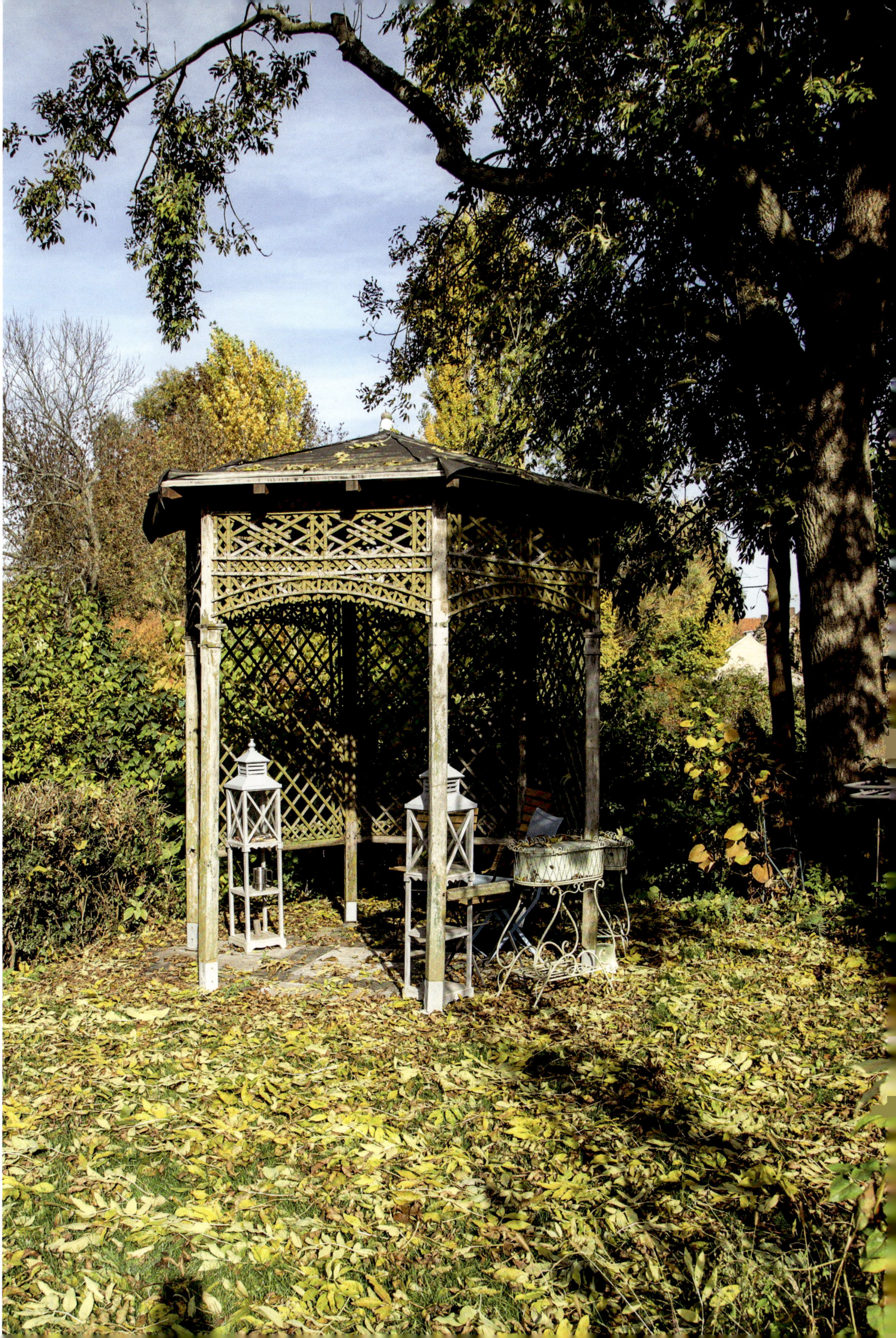

Leichtigkeit verdrängt Schwere

Ein junger Bauherr erwarb diese vordergründige Schrottimmobilie aus den 50er-Jahren des letzten Jahrhunderts wegen eines phänomenalen Ausblicks aus der Dachzone in die untergehende Sonne über den Kölner Stadtwald hinweg. Geringe Raumhöhen von 2,10 bis 2,30 Metern entsprachen nicht mehr den Anforderungen an zeitgenössische Aufenthaltsräume. Das insgesamt dreigeschossige Gebäude wurde zu einer offenen Raumfolge mit zwei abgeschlossenen Schlafräumen umgeplant, indem im Zentrum der Anlage ein Luftraum geöffnet wurde, der über alle Geschosse führt. Mit zusätzlichen Innenfenstern wurden diagonale Blickbeziehungen geschaffen.

Von der Eingangsebene bis zur Dachempore entstand ein Turmraum, über den das Licht zu allen Tageszeiten hereingelassen wird und Sonnenstrahlen auch in Wohnungsbereiche gelangen, die sonst ganztägig im Schatten lägen. Die bestehenden Deckenbalkenlagen wurden in jedem Zwischenraum um einen zusätzlichen Balken ergänzt, die Schalungen der Untersichten saniert und die Holzoberflächen geschliffen, sodass sie sichtbar bleiben konnten. Der von Holz geprägte Charakter der Räume blieb in den niedrigeren Raumzonen erhalten, die gefühlte Raumhöhe wurde um ca. 30 cm vergrößert.

103

Die Innenverkleidung der Dach- und Wandbereiche mit Trockenbauplatten wurde für erhöhte Lärmschutzanforderungen ausgeführt.

Alle eingeschossigen Raumbereiche rund um die zentrale Halle sind potentiell so abtrennbar, dass der Grundriss unter Bewahrung seiner Mitte leicht verändert werden kann, sodass bei einer wachsenden Familie nach und nach zusätzliche Individualräume geschaffen werden können.

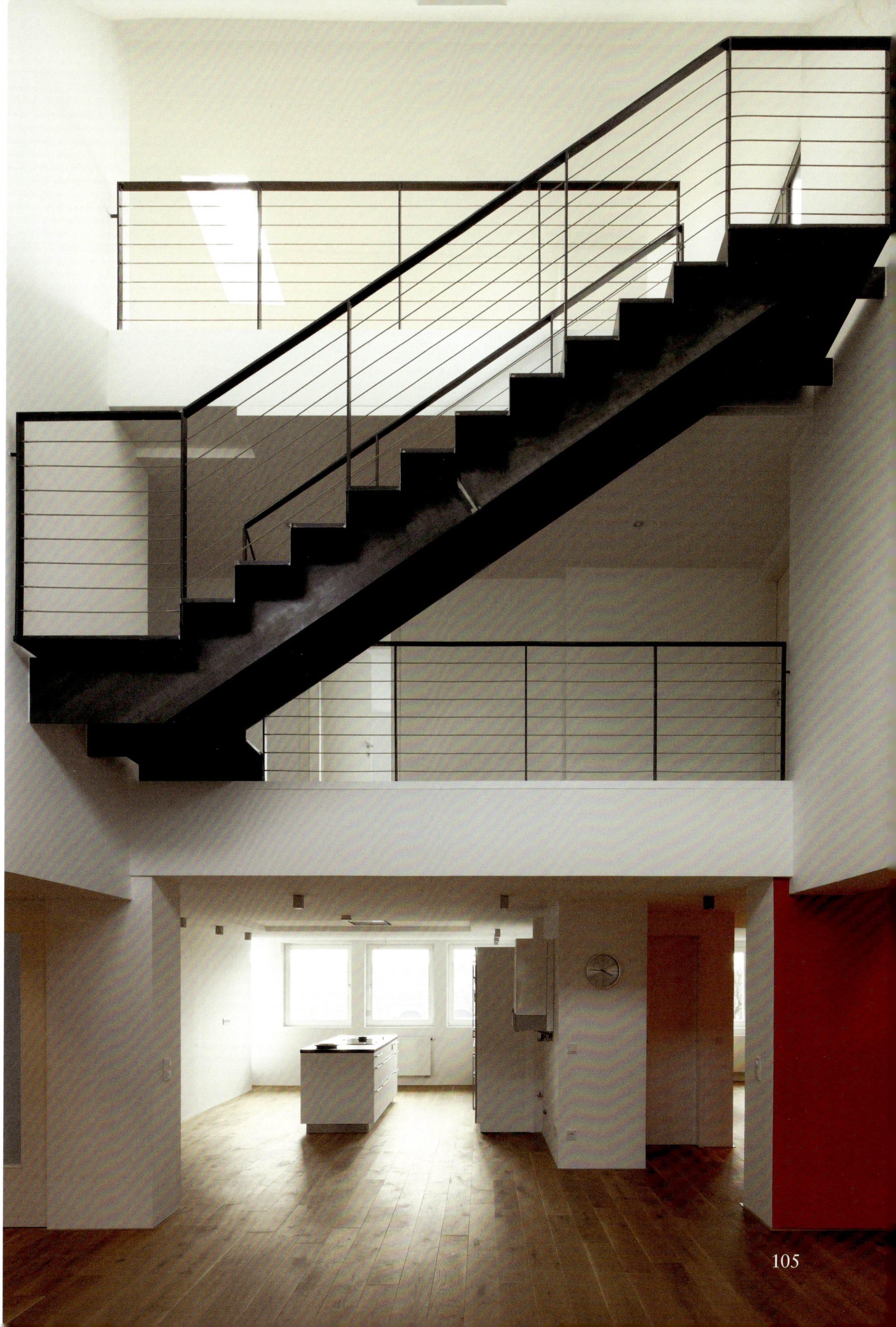

Zustand vor der Sanierung: Der Dachstuhl wurde über die Jahrzehnte in mehreren improvisierten Schritten in Wohnraum umgewandelt.

Der verglaste Loggiaraum unterm Dach wird im Sommer mit Hilfe einer Faltschiebeanlage schwellenlos zu einer Einheit mit der angrenzenden Dachterrasse.

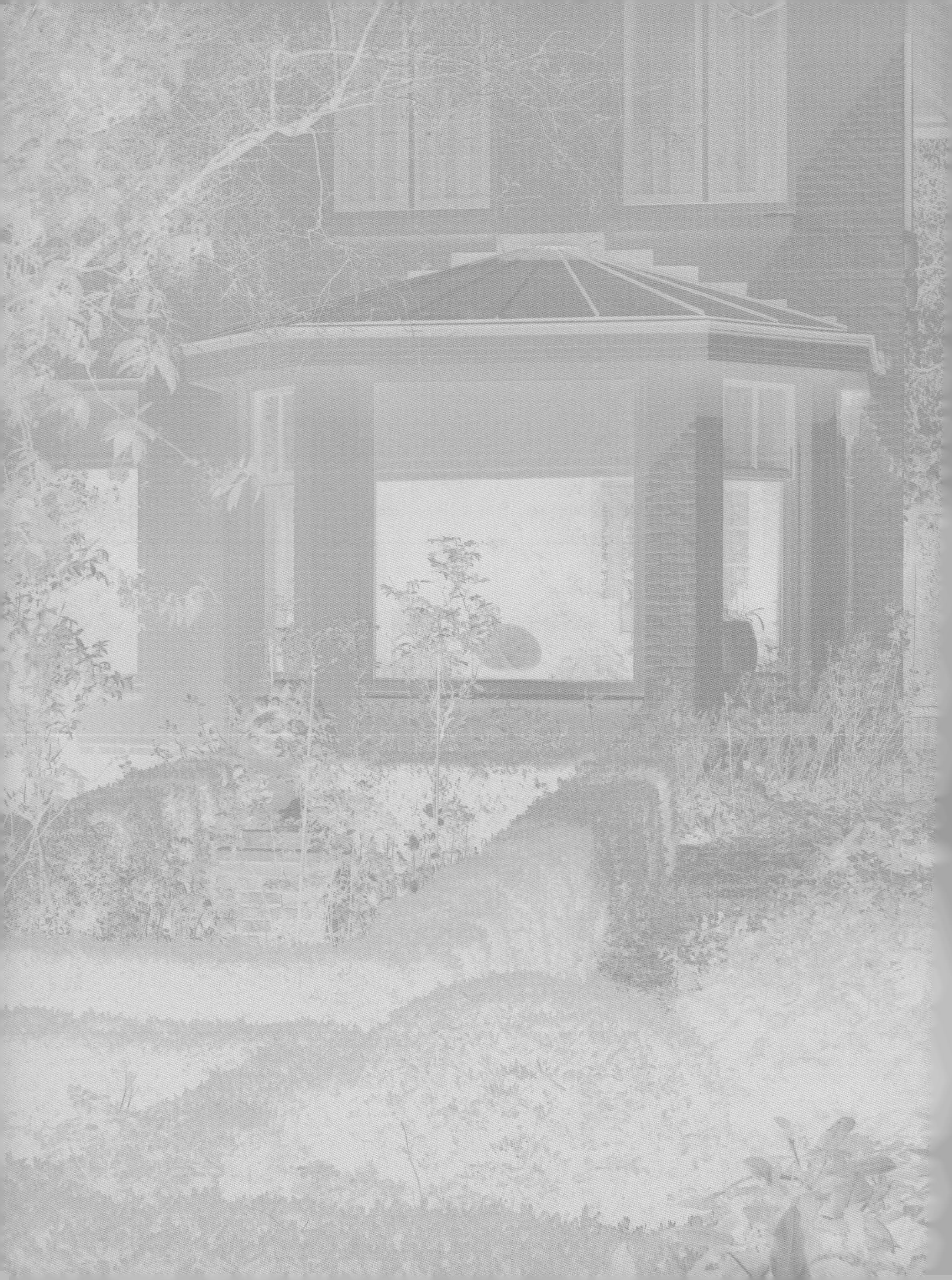

Ratschläge für die Altbausanierung

TIPP

Außenwanddämmung

Immer öfter ist zu beobachten, dass alte Wohnhäuser mit dicken Polystyrolplatten (auch bekannt als Styropor) eingepackt werden – und immer öfter hört man, dass es nach der Dämmung Probleme mit Schimmelpilzbelastung in solchen Altbauten gibt. Unter dem Gesichtspunkt der Energieeinsparung scheint es für die Hausbesitzer zunächst eine kostengünstige, noch dazu staatlich großzügig geförderte Maßnahme zu sein. Dabei wird jedoch nicht berücksichtigt, dass Polystyrolplatten mit dem hohen Energieaufwand bei ihrer Herstellung und der späteren teuren Entsorgung eine große Belastung für die Umwelt darstellen.

Im Altbaubereich sind grundsätzlich diffussionsfähige Wärmedämmmaterialien zu empfehlen, bei denen ein sogenanntes Thermoskannenklima gar nicht erst entstehen kann. Bei einer Temperatur um 20° Celsius und einer relative Luftfeuchte von über 70 % gedeihen Schimmelpilze am Besten. Falls Sie den Eindruck haben, dass sich nach der Sanierung Ihres Hauses feuchte Luft in den Wänden hält, sollten Sie Maßnahmen – wie z.B. regelmäßiges Lüften – ergreifen, um die Raumluftfeuchte unter 50 % zu halten. Dies läßt sich leicht mit einem Hygrometer kontrollieren.

Aus ökologischen Gründen sollten Dämmstoffe verwendet werden, die aus ungiftigen, natürlichen Materialien bestehen und keine Entsorgungsprobleme mit sich bringen. Für die Altbaudämmung empfehlen sich Platten aus Holzweichfasern sowie Schilfrohr-, Kork-, oder Mineralschaumplatten. Eine Alternative zu Plattenkonstruktionen ist das Aufbringen eines Wärmedämmputzes (siehe Beispiel auf Seite 89). Welche Wärmedämmung für Ihr Projekt in Frage kommt, sollte Ihr Architekturbüro entscheiden.

Adressen
www.fehrenberg.de
www.baubiologie.de

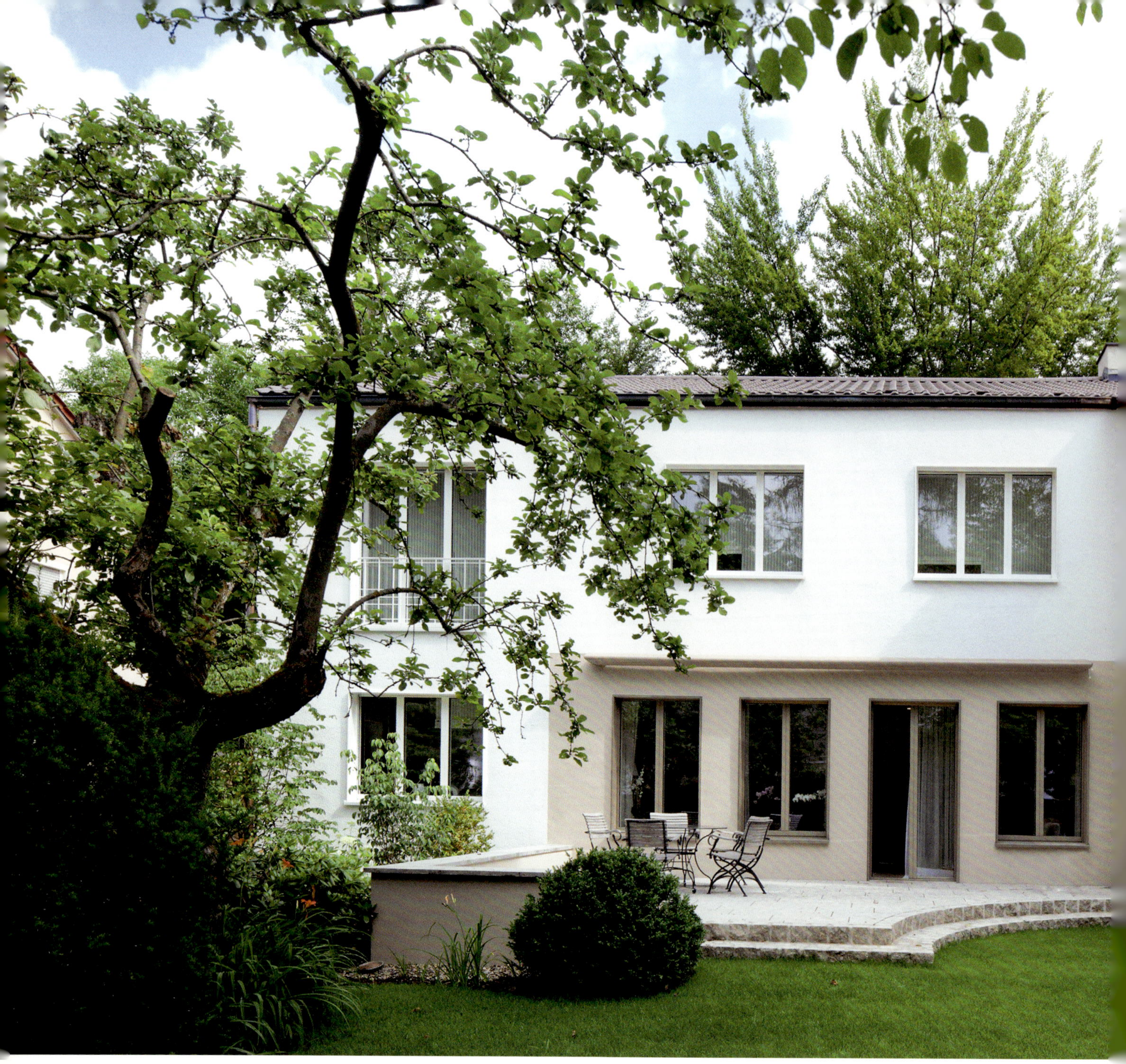

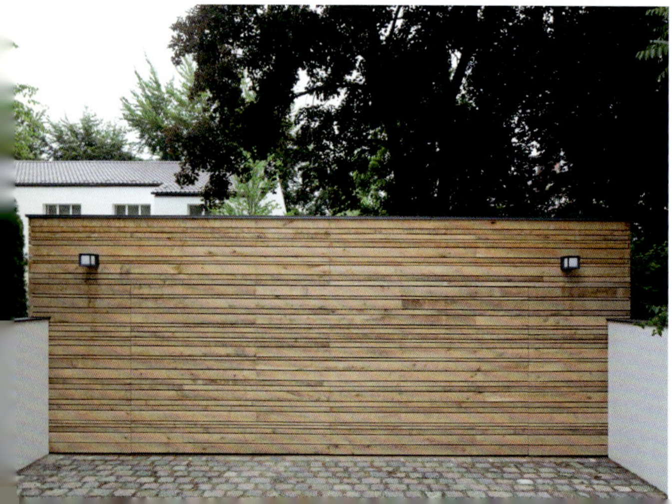

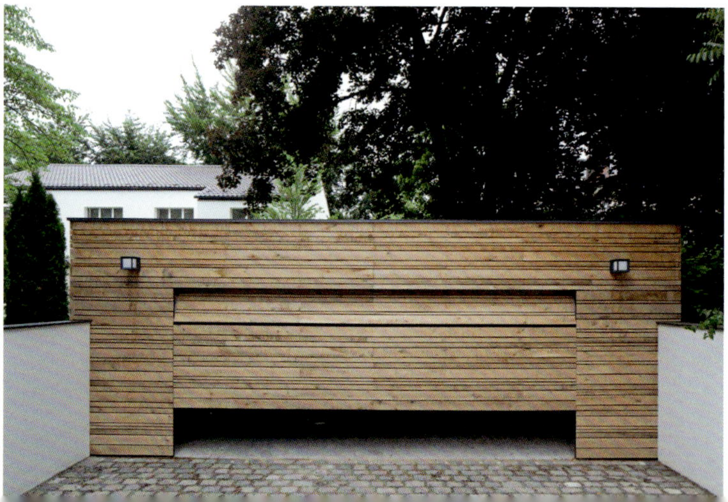

FABI ARCHITEKTEN | REGENSBURG
WWW.FABI-ARCHITEKTEN.DE

Diskrete Eleganz

Dieses Schmuckstück mit diskretem Charme und einer zurückgenommenen, doch in jedem Winkel des Hauses spürbaren Eleganz, liegt in einem der bevorzugten Wohngebiete Regensburgs. Ursprünglich wurde das Haus 1930 erbaut und wechselte in den 1950er-Jahren die Besitzer. Vor der Sanierung stand das Haus mehrere Jahre leer. Schön, dass die neue Besitzerin die Idee hatte das Haus wieder zu beleben und dazu auch eine altersgerechte Sanierung durchführen wollte.

Das Gebäude sollte energetisch, bautechnisch und gestalterisch nach neuesten Gesichtspunkten umgebaut werden und Flexibilität für zukünftige, geänderte Anforderungen zeigen. Es erhielt seine klassische Gestalt aus den 1930er-Jahren zurück, wobei sensibel auf die Materialauswahl und passende Detailausführung geachtet wurde.

Im Erdgeschoss entstand ein 125 m² großes, elegantes Refugium für die Besitzerin. Der Zugang erfolgt über eine großzügige Eingangssituation mit Einbau-Garderobemöbeln und direkter Anbindung an die Küche mit kleinem Sitzplatz und einer Schiebetür zum Wohnraum. Dieser öffnet sich zur höher gelegenen Bibliothek und der südlichen Gartenseite. Das gesamte Farb-, Material- und Beleuchtungskonzept wurde auf die speziellen Anforderungen der ursprünglichen Architektur und des altersgerechten Wohnens hin entwickelt. Es bezieht bereits vorhandene Möblierung und Kunstwerke, sowie neu entworfene Möbel mit ein. Durch eine spätere Umstrukturierung des Eingangsbereichs besteht die Möglichkeit eine zweite abgeschlossene Wohneinheit im Obergeschoss zu schaffen.

Das versteckte, automatisch öffnende Tor lässt die Garage hinter einer einheitlichen, geschlossenen Holzwand verschwinden. Die Farbtöne von Holz und Pflaster sind harmonisch aufeinander abgestimmt.

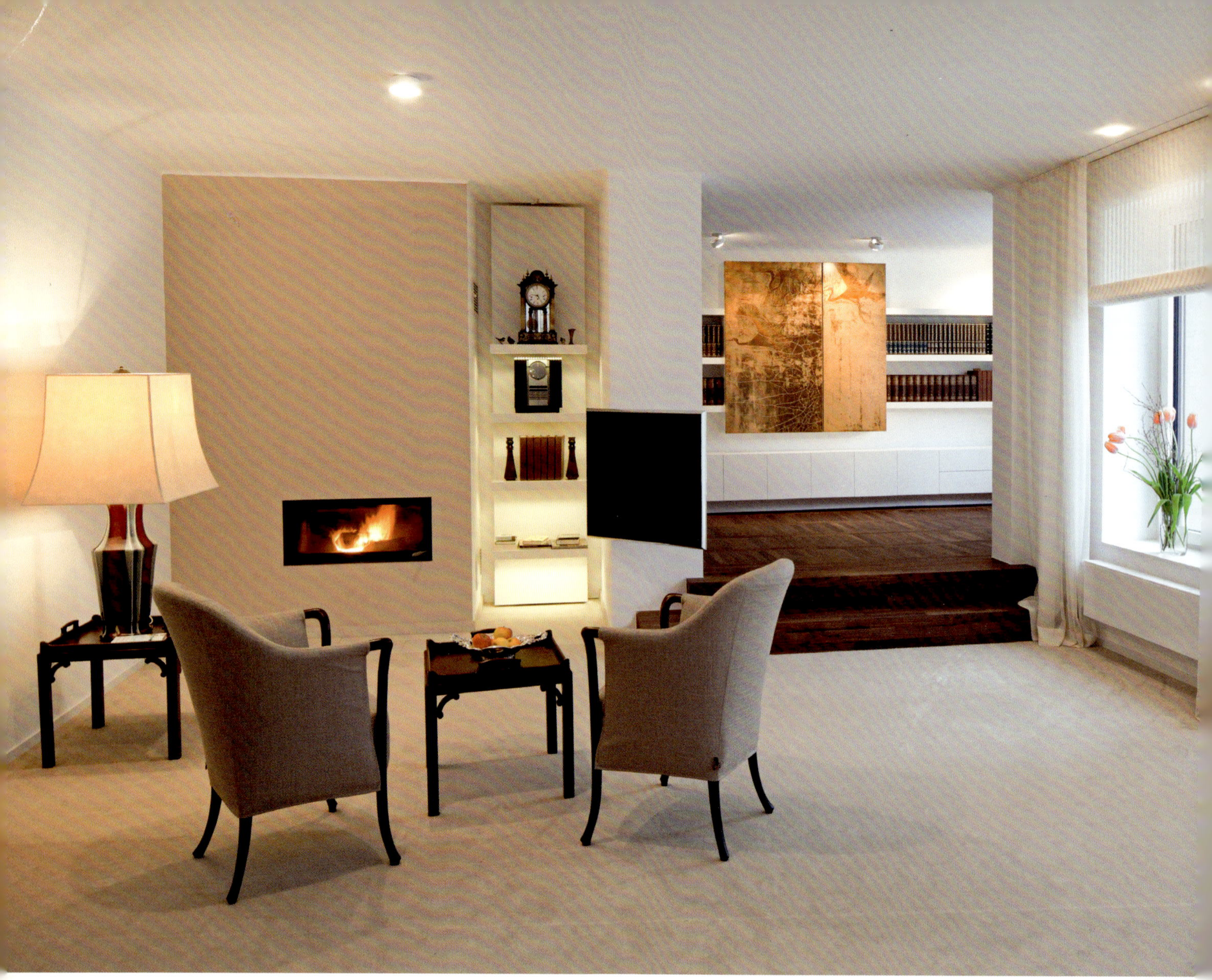

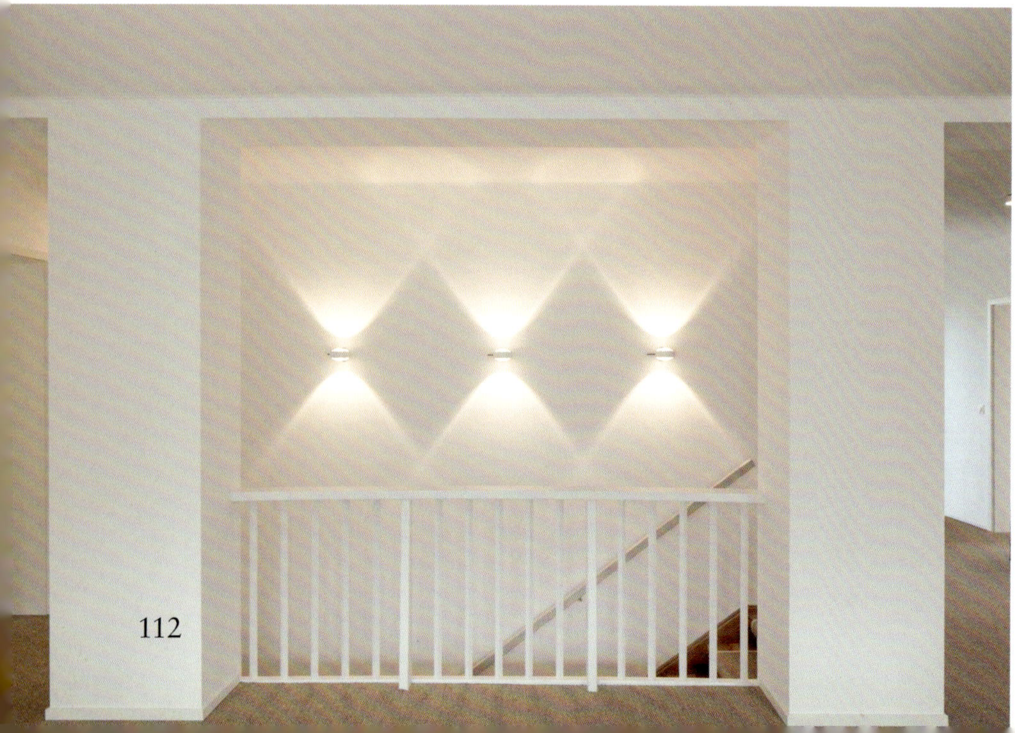

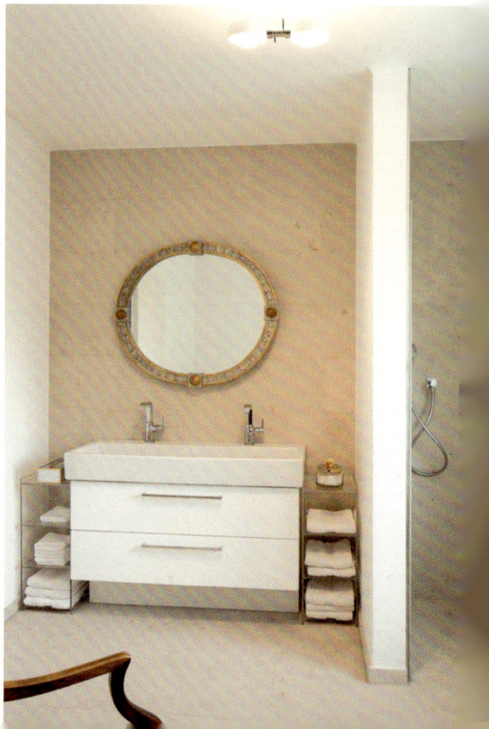

Warme Farben, heller Naturstein, dunkles Eichenholz und edle Stoffe stehen für eine zurückhaltende, elegante Modernität. Es entsteht der Eindruck, als seien die Leichtigkeit und Großzügigkeit schon immer so gewesen.

Im Kontrast zur schlichten Eleganz des alten Holzgländers am Treppenaufgang steht die effektvolle zeitgemäße Beleuchtung.

Für die zukünftige altersgerechte Nutzung wurde im Bad eine bodengleiche Dusche eingebaut.

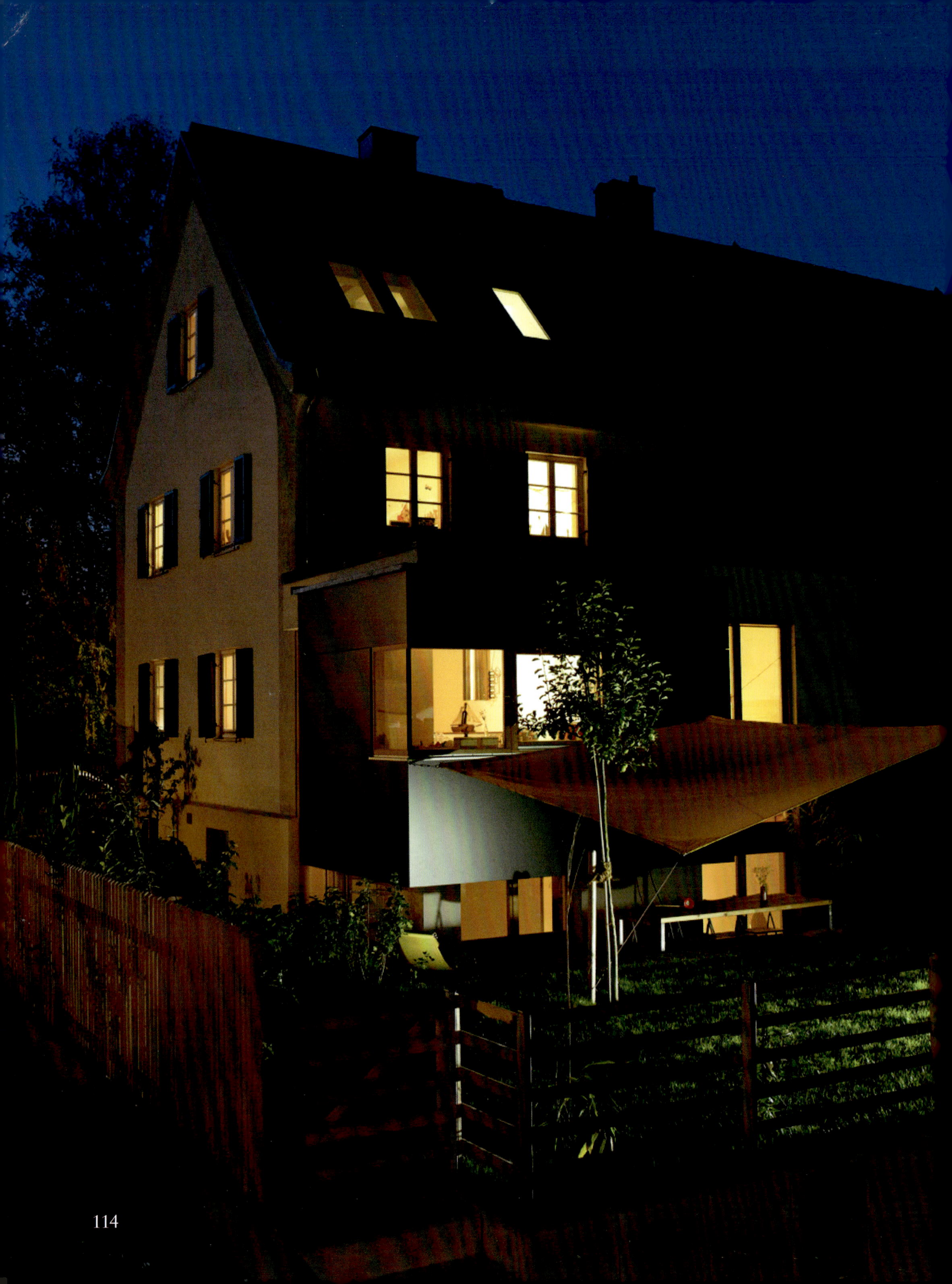

Architekturbüro Schuh | München
www.architektur-schuh.de

Aus zwei mach eins

Obermenzing, im Münchner Westen, ist für Familie S. ein idealer Ort zum Leben. Der Bäcker um die Ecke wird genauso geschätzt wie Schulen und Kindergärten in fußläufiger Entfernung. Im Sommer lädt der kleine Fluss Würm zum Baden ein. Entlang der Würm erreicht man auf Radwegen den Starnberger See oder Schloss Blutenburg. Mit dem Fahrrad gelangt man zum Hockeyplatz oder auf den nahen Bauernhof, um Einkäufe zu erledigen. Und mit der S-Bahn ist man in zwanzig Minuten in der Münchner Innenstadt.

Für die Familie ist es einfach die ideale Mischung aus Stadt, Land und Fluss. Als sich die Möglichkeit ergab, das an ihr eigenes Haus grenzende Reihenhaus hinzu zu erwerben zögerten sie nicht lange. Alle Zäune wurden abgerissen und ein gemeinsamer Garten für die Kinder auch einer befreundeten Familie angelegt. Auf der früheren Grenze steht ein Sandkasten mit einem Apfelbaum in der Mitte, um den die Kaninchen herumhoppeln. Die Kinder wetteifern mit eigenen Kräuterbeeten um die beste Ernte. Sie erhielten ein eigenes Spielhaus aus Holz und eine Raumstation auf dem Dach, wo im Sommer auch mal übernachtet wird. Den Strom liefert die hauseigene Photovoltaik-Anlage, der Garten wird mit aufgefangenem Regenwasser gewässert.

Die beiden Häuser von 1929 sind einfach gemütlich. Alte Holzböden, Türen mit Messinggriffen und alte Holz-Kastenfenster machen ihren Charme aus. Im Winter wärmt der Kachelofen mit Holz aus eigenen Baumbeständen die ganze Stube. Die alte Holzstiege knarrt zwar aber davon wird mittlerweile keiner mehr wach.

Der historischen Fassade wurden ein moderner Wintergartenanbau mit hinterlüfteter Plattenfassade und eine neu gestaltete Holzterrasse zugefügt.

Das Reihenendhaus mit Süd-West-Ausrichtung wurde 1929 in massiver Ziegelbauweise aus 38 cm Vollziegeln mit Holzbalkendecken errichtet. Anstelle der roten Biberschwanzdeckung auf der Nordseite wurde das Süddach ganzflächig als Solardach mit kombinierter Photovoltaik und solarer Brauchwassernutzung ausgebildet.

Im hinteren Gartenteil steht für die Kinder ein Spielhaus aus Holz, welches über die Beton-Tiefgarage gesetzt wurde.

Gartenseitig entstand ein neuer Wintergarten in massiver Ausführung mit Betondecke und Gründach.

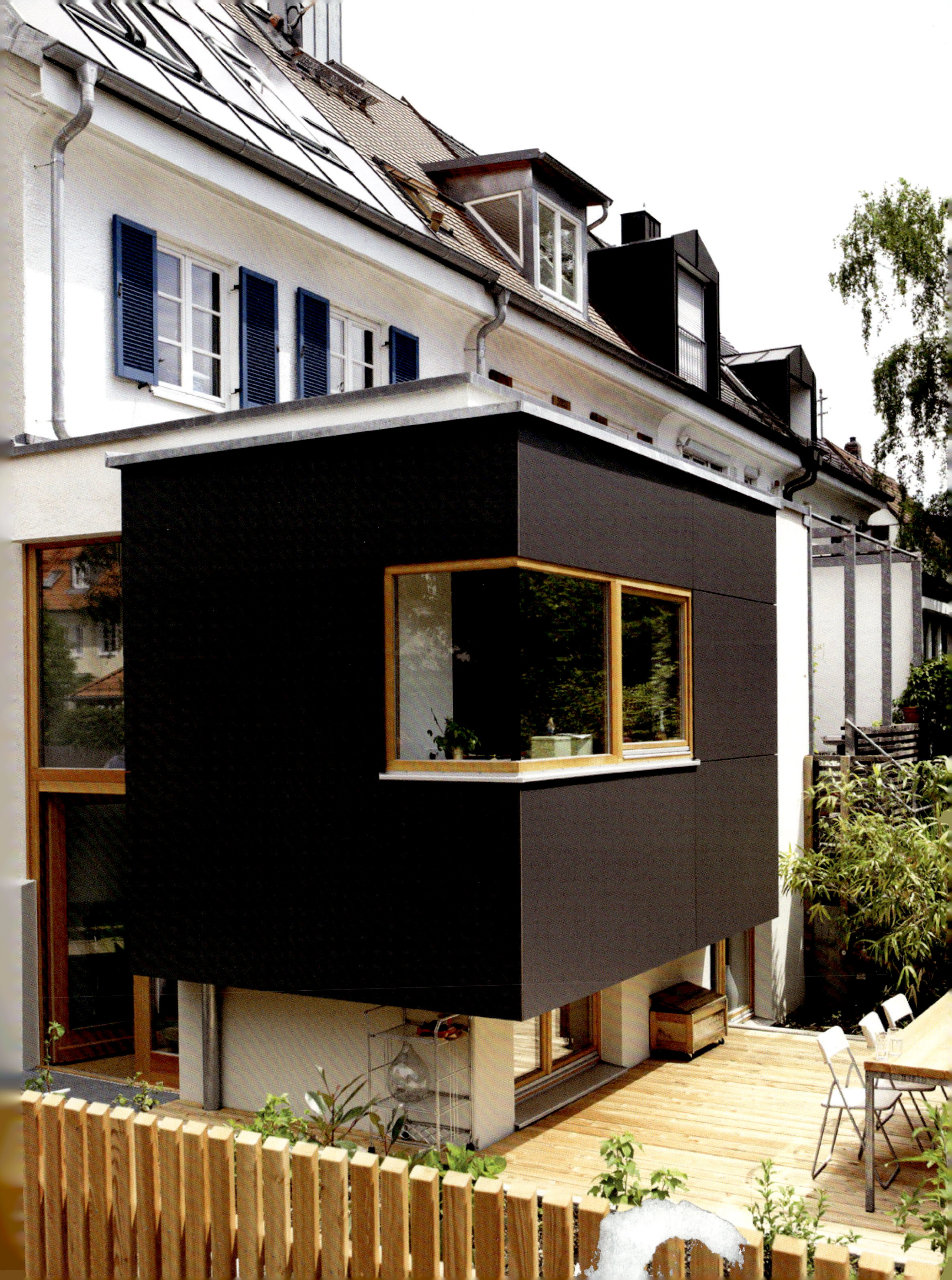

Der Neubau, ein Kubus in moderner Holzrahmenkonstruktion mit begrüntem Flachdach, Fassadenbekleidung aus geklebten zementgebundenen Faserplatten und Ganzglasfenster, ist in der Farbgebung dem Bestand angepasst. Er öffnet sich zu dem alt eingewachsenen Obstgarten – hier entstand der neue Wohnraum.

FABI ARCHITEKTEN | REGENSBURG | WWW.FABI-ARCHITEKTEN.DE

Sanieren bedeutet „heilen"

Dieser Grundgedanke bildete den Leitfaden für den Entwurfsprozess. Das Wohnhaus in Alteglofsheim bei Regensburg, aus dem Jahr 1906, wurde durch diverse Umbauten in seiner ursprünglichen kräftigen und eindeutigen Gestalt stark geschwächt. Da die vorhandene Wohnfläche für die junge Familie nicht ausreichte, wurde zusätzlich ein Anbau entworfen und realisiert.

Das Bestandsgebäude sollte in seine ursprüngliche stimmige Proportion zurückgeführt werden. Dies geschah mit einer gelungenen Verbindung von Bestandsbauteilen und neuen Einbauten. Putzornamentik mit traditionellem Muster, bündig in der Fassade liegende Kastenfenster mit Einscheibenverglasung außen und Doppelisolierverglasung innen, sowie eine glatte Biberdeckung prägen das sorgsam restaurierte Gebäude.

Der Anbau sollte sich dagegen räumlich klar vom Bestand absetzen, sodass die ursprüngliche Hausproportion sichtbar bleibt. Er verhält sich zum Altbau wie ein neues Familienmitglied – eigenständig, jedoch verwandt.

Die Grundrissachse des Altbaus wird erweitert und Richtung Neubau und Garten geführt.

Der Übergang von Bestand und Neubau wurde als eine Art „Reißverschluss" geplant – eine Holzrahmen-Glaskonstruktion, die behutsam Neu und Alt zusammenführt.

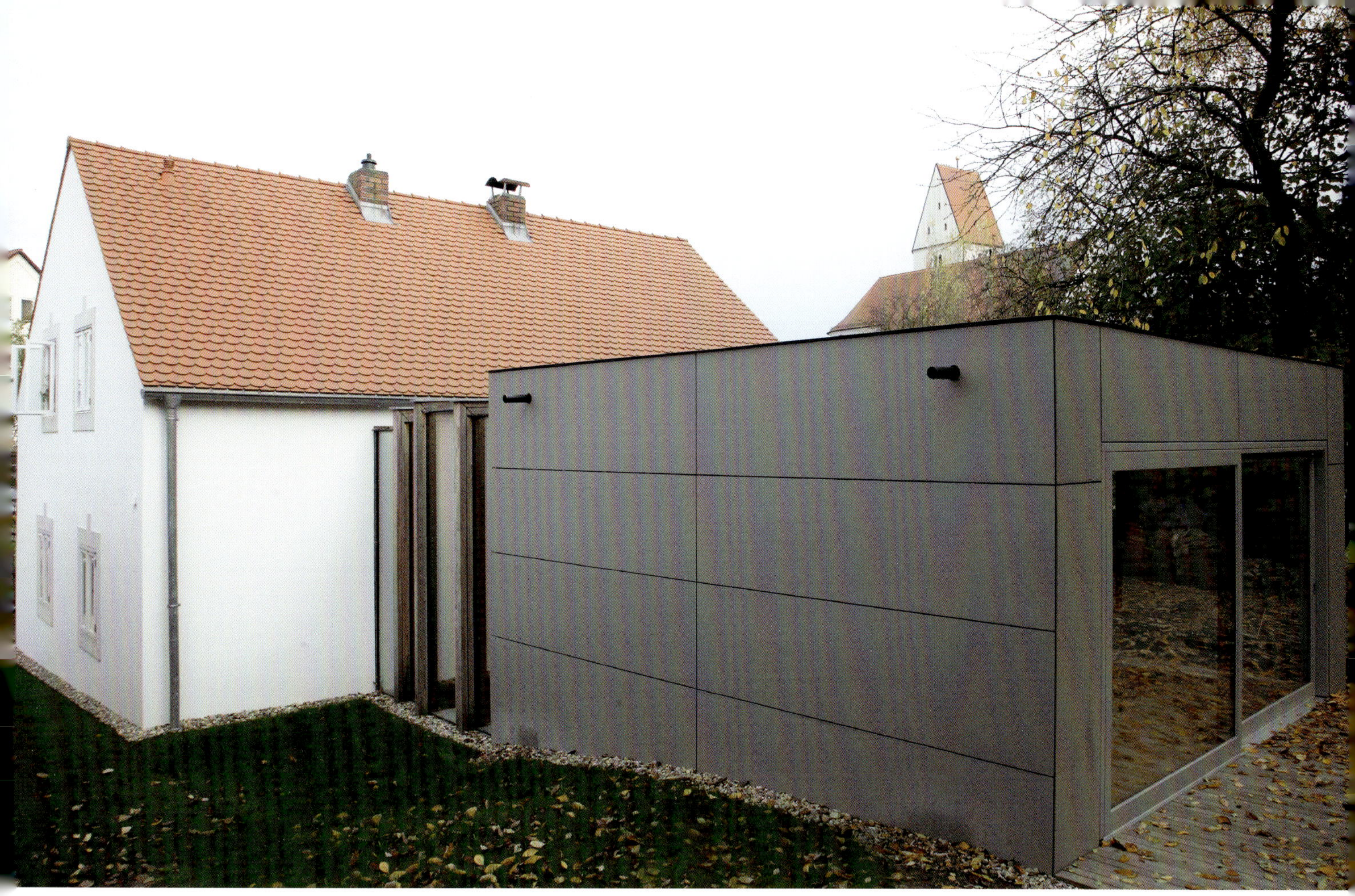

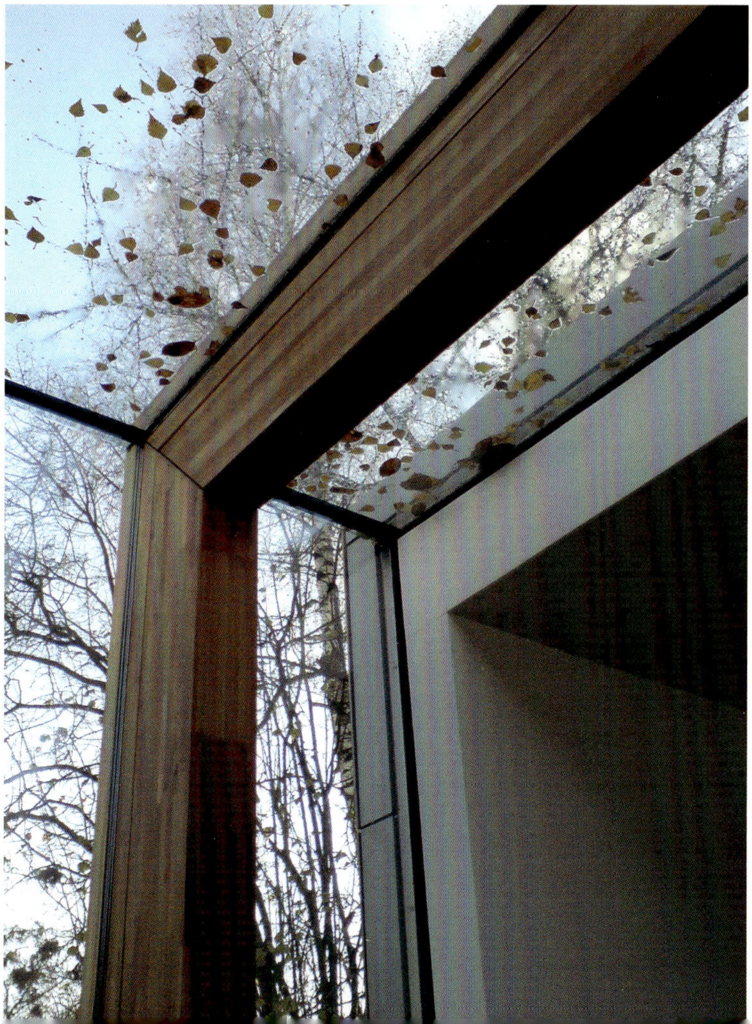

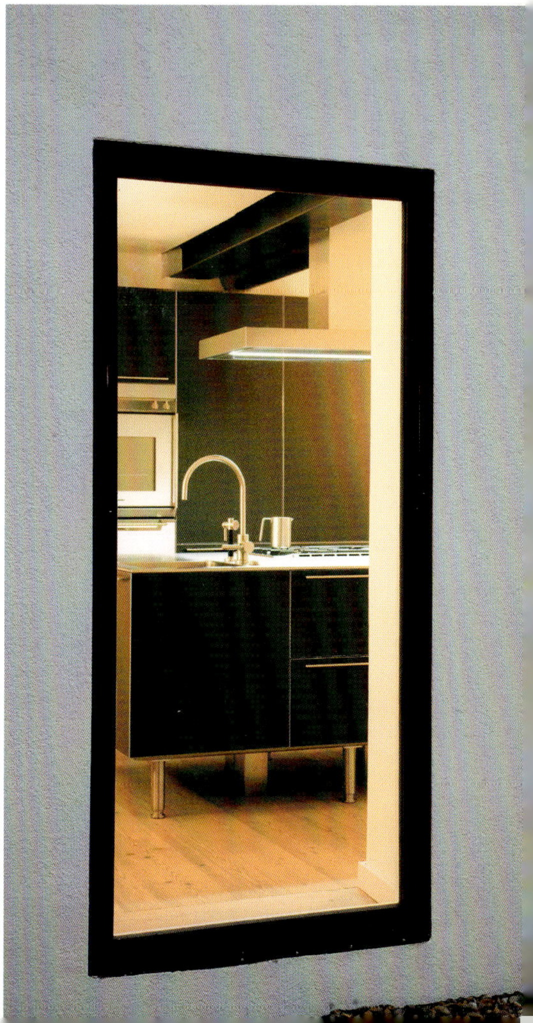

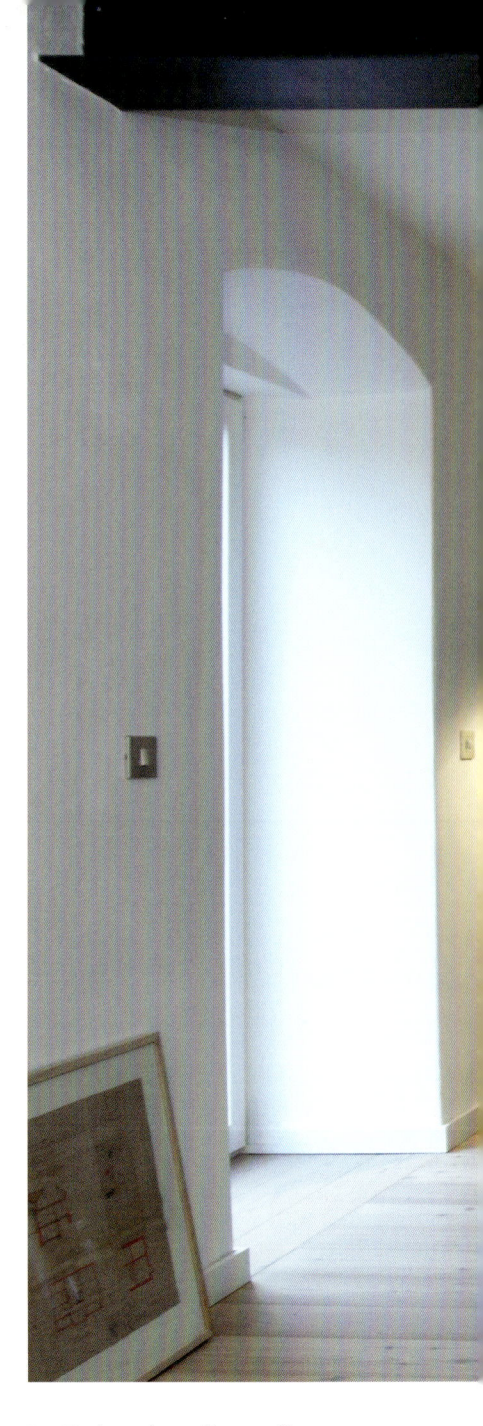

Im Erdgeschoss liegen die Wohn-Essküche, Gäste- und Arbeitszimmer sowie der Hauswirtschaftsbereich. Das Dachgeschoss beherbergt Kinderzimmer, Schlafzimmer und Bad.

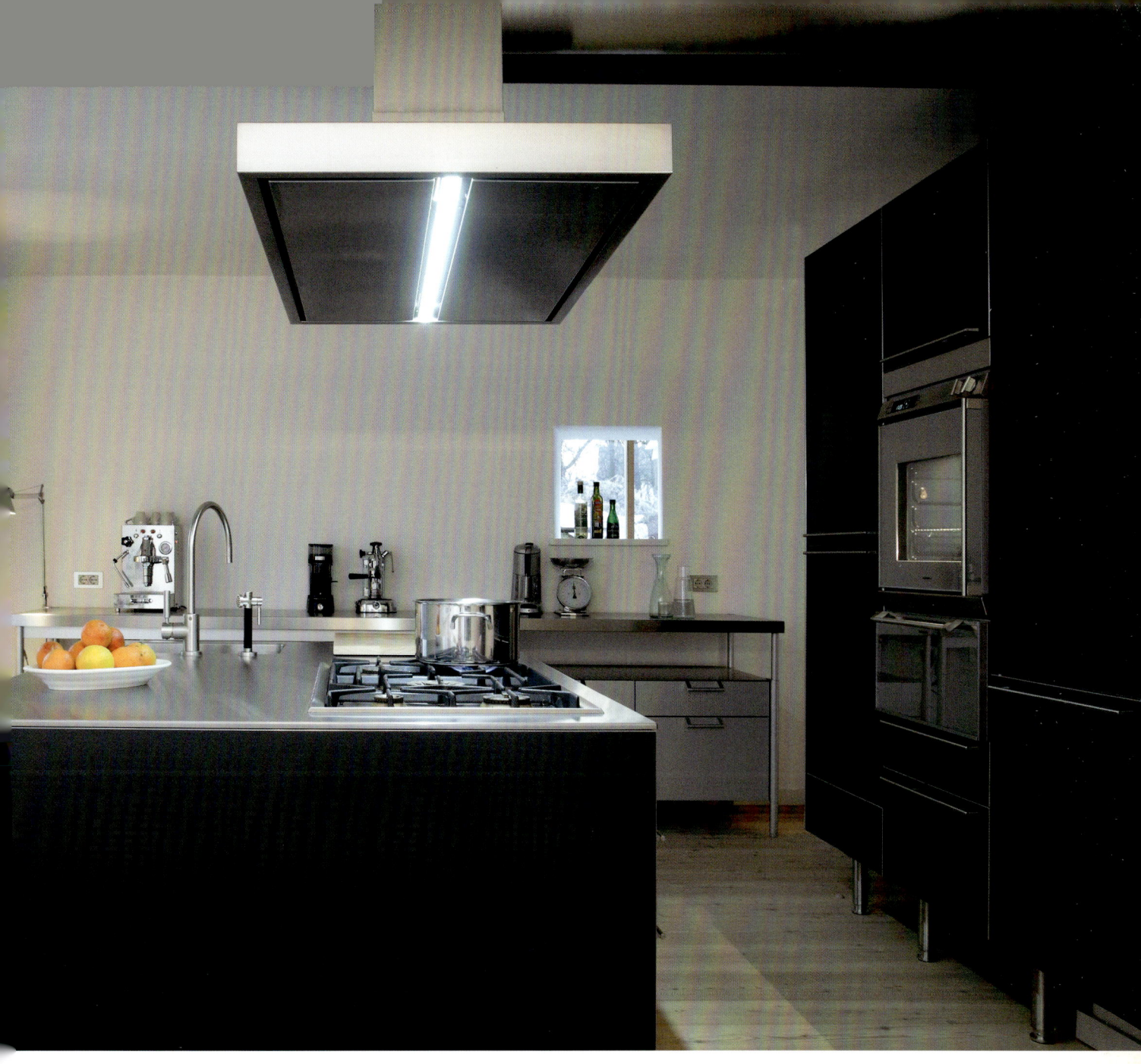

Bei einem Gaskochfeld muss ein gesetzlicher Mindestabstand zur Dustabzugshaube eingehalten werden.

Im horizontal betonten Badezimmerspiegel ist die aufgearbeitete freigelegte Dachbalkenkonstruktion zu sehen.

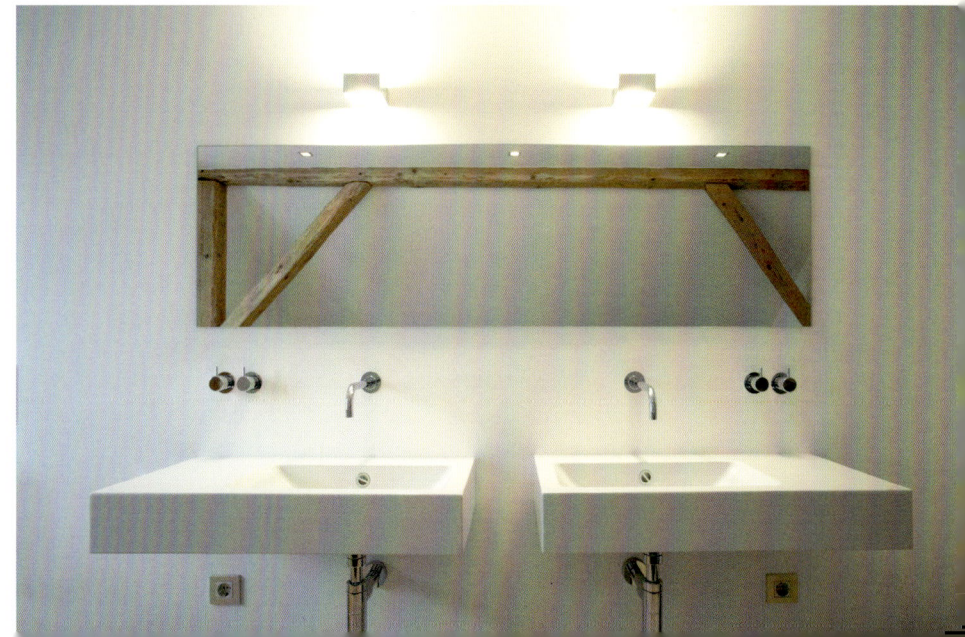

Firmentipps

Rekonstruktion historischer Haustüren und Fenster

Schreinerei Fröhlich
Görzhainer Weg 3
34633 Ottrau/Schorbach
fon 06628-921913
mobil 0171-2420359
info@froehlich-holzdesign.de
www.froehlich-holzdesign.de

Antike Bauelemente und Radiatoren aus Gusseisen

Firma Antje Weinzierl
Rathausstrasse 9
61348 Bad Homburg
fon 06172-951222
info@weinzierl.com
www.weinzierl.com

Handwerklicher Kachelofenbau

Meisterbetrieb Stefan Ziegler
Limburg 3
83512 Wasserburg am Inn
fon 08071-5975317
mobil 0173-3514732
info@ziegler-kachelofenbau.de
www.ziegler-kachelofenbau.de

Holzrollläden

LEFA Holzrollladen GmbH
Alte Reutstraße 102
90765 Fürth
fon 0911-7907102
info@holzrollo.de
www.holzrollo.de

Holzschutz ohne Giftstoffe

MASID Umwelterhaltende
Produkte Vertriebs-GmbH
Auf der Tannenhöhe
35327 Ulrichstein
fon 06645-918868
masidint@aol.com
www.masid.de

Ingo Hoss
Sachverständiger für giftfreien
Holzschutz
Stadtweg 20a
57642 Alpenrod / Dehlingen
fon 02662-8079944
mobil 0176-55903970
mail@holzart-hoss.com
www.holzart-hoss.de

Bodenbeläge aus Holz und Stein, Fliesen

RS Schnitzer home design
Keltenstraße 11
63486 Bruchköbel
fon 06181-97210
info@rs-schnitzer.de
www.rs-schnitzer.de

Fliesen und Natursteinverlegung

Atelier Carrelage S.á.r.l.
Route de Wasserbillig 34
L-6686 Mertert
Luxembourg
fon 0352-26714840
ateliercarrelage@atelier-carrelage.eu
www.atelier-carrelage.eu

Golem GmbH
Kunst- und Baukeramik
Alte Frankfurter Straße 2a
15236 Sieversdorf
fon 033608-89910
golem.gmbh@t-online.de
www.golem-baukeramik.de

Innenausbau, Einbauschränke, Heizkörperverkleidungen

Tischlerei Alt
Westernstraße 12
36391 Sinntal
fon 06665-9180014
alt-tischlerei@t-online.de
www.moebelwerkstaetten-alt.de

Einbauschränke, Küchen, Möbel

Brüggemann Innenausbau GmbH
Moselstraße 40
63452 Hanau
fon 06181-304980
post@der-brueggemann.de
www.der-brueggemann.de

Interieur und Küchen

Leptien 3 – Konzeptionen und
Objekte für den Raum GmbH
Grosse Friedberger Straße 29-31
60313 Frankfurt am Main
fon 069-9130160
info@leptien3.de
www.leptien3.de

Küchen

Küchenstudio Kern GmbH
An der Birkenkaute 1
61231 Bad Nauheim
fon 06032-85521
info@kuechenstudio-kern.de
www.kuechenstudio-kern.de

Innenausbau, Einbauschränke, Küchen

Lange Innenausbau
Hornauer Straße 55
65770 Kelkheim im Taunus
fon 06195-996400
info@lange-innenausbau.de
www.lange-innenausbau.de

Vergoldearbeiten, Restaurierungen

Birgit Küchenmeister
Vergoldermeisterin
Neuhausgasse 6
61169 Friedberg/Hessen
fon 06031-1660650
mobil 0163-1631438
info@birgit-kuechenmeister.de
www.birgit-kuechenmeister.de

Lieblingswerkstatt Restaurierungen
Melanie Kleinschmidt
Witts Allee 4
22587 Hamburg
fon 040-43190666
info@lieblingswerkstatt.de
www.Lieblingswerkstatt.de

Stoffe, Möbel, Accessoires

MD Muthesius Decor
Susanne Muthesius
Taubenstraße 11 / Schillerpassage
60313 Frankfurt am Main
fon 069-13377666
info@muthesius-decor.de
www.muthesius-decor.de

Interior, Vintage Interior

Tøndel Interior Design
Gernot Thöndel
Siemensstraße 9
50825 Köln
fon 0221-16996131
info@toendel.de
www.toendel.de

Estrichverarbeitung

Bio-Estrich
A. Chini GmbH & Co. KG
Fliesen- und Fussbodenbau
Ludwig-Jahn-Straße 25
72250 Freudenstadt
fon 07441-88820
info@chini.de
www.chini.de

Estrich Sommerfeld
Neugasse 6b
61130 Nidderau-Ostheim
fon 06187-25313
estrich-sommerfeld@t-online.de
www.estrich-sommerfeld.de

Wände und Böden

redstone GmbH
Haferwende 1
28357 Bremen
fon 0421-2231490
info@redstone.de
www.redstone.de

Dämmen mit Holzweichfaserplatten

Unger-Diffutherm GmbH
Blankenburgstrasse 81
09114 Chemnitz
fon 0371-815640
info@unger-diffutherm.de
www.unger-diffutherm.com

Energieberatung für den Altbau

Informationen zum Thema
Wie sinnvoll ist Wärmedämmung beim Altbau?
Sachverständigenbüro Prof.
Dipl.-Ing. Jens Peter Fehrenberg
Architekt, ö.b.u.v. Sachverständiger
der IHK Hannover für Schäden
an Gebäuden
Beethovenstraße 1
31141 Hildesheim
fon 05121-15131
info@fehrenberg.de
www.fehrenberg.de

Institut für Baubiologie + Ökologie
(IBN) Unabhängige private GmbH
Holzham 25
83115 Neubeuern
fon 08035-2039
institut@baubiologie.de
www.baubiologie.de

Holzterrassen, Wintergärten, Fenster

Ernst Miller
Robert-Bosch Straße 14
61267 Neu-Anspach
fon 0171-52 57134
ernst.miller@gmx.de
www.massivholzwelt.de

Fotografen

Fotos Projekt Raumkonzept 50:

Doris Seher
Raumkonzept 50
SeCo Seher Consult KG
Am Kaiserberg 20
61231 Bad Nauheim
fon 06032-8695711
mobil 0170-8539832
doris@seher.eu.com
www.raumkonzept50.de

Fotos Projekt Nebel-Pössel Architekten:

HG Esch Photography
Attenberger Straße 1
53773 Hennef/Stadt Blankenberg
fon 02248-445507
www.hgesch.de

Fotos Projekte BAS Architekten:

Jean-Luc Valentin
Burgstraße 3
60316 Frankfurt am Main
fon 069-40591624
www.foto-valentin.de

Fotos Projekt Architekturbüro Anja Schnitzler:

André Eislebe, digitise
Auf der Heide 3
44803 Bochum
fon 0234-54161151
mobil 0177-3475323
www.digitise.de

Fotos Projekt Boris Enning:

Axel Hartmann Fotografie
Eythstraße 95
51103 Köln
fon 0221-5101517
mail@ah-fotografie.de
www.ah-fotografie.de
(Erstes und letztes Foto)

Fotos Projekt Architekturbüro Andreas Schmöller:

Johanna Borde
Römerstraße 8
94032 Passau
fon 0851-49059632
www.bo-konzept.de

Fotos Projekt Biquadra Architekten:

Stefan Tschurtschenthaler
Mainhardstrasse 162
I-39012 Meran
fon 0039-3356-920168
stefan.tschurtschenthaler@rolmail.net
www.stefantschurtschenthaler.com
Fotos vom ursprünglichen Zustand
des Hauses von den damaligen
Architekten

Fotos Projekte Fabi Architekten:

Herbert Stolz
Am Holzhof 12
93059 Regensburg
fon 0941-88008
mobil 0172-8614530
info@fotodesign-stolz.de
www.herbertstolz.de

Fotos Projekt Kienzl:

selbst erstellt durch
Architekturbüro Kienzl
Museumstraße 32a
I-39100 Bozen
fon 0039-0471-051651
info@kienzl.bz.it
www.kienzl.bz.it

Fotos Projekte Johannes Schuh:

Jan Schmiedel Fotografie
Häberlstraße 18 rgb
80337 München
fon 0172-8225262
mail@janschmiedel.de
www.janschmiedel.de

Fotos Projekt Hendrikje Schön:

Markus Rühl
Grafik Design und Fotografie
Bad Nauheimer Weg 12
61231 Bad Nauheim
fon 06032-928460
m.ruehl@lead-network.de
www.lead-network.de

Impressum

Titelfoto André Eislebe
Lektorat Britta Blottner
Gestaltung & Satz Markus Rühl, info@lead-network.de
Druck fgb – freiburger graphische betriebe, Freiburg/Br.

**Bibliographische Informationen
der Deutschen Bibliothek**

Die Deutsche Bibliothek verzeichnet diese Publikation in der Deutschen Nationalbibliographie; detaillierte bibliographische Daten zu diesem Werk sind im Internet unter http://dnb.ddb.de abrufbar. Das Werk, einschließlich aller seiner Teile, ist urheberrechtlich geschützt. Die Verwertung der Texte und Bilder ist – auch auszugsweise – ohne Zustimmung des Verlages unzulässig und strafbar. Das gilt auch für Vervielfältigungen, Übersetzungen, Mikroverfilmung sowie für die Einspeicherung und Verarbeitung in elektronischen Systemen (einschließlich Internet). Alle in diesem Buch enthaltenen Ratschläge und Informationen (z. B. Produktbeschreibungen, Preis- und Mengenangaben, Berechnungen usw.) sind sorgfältig geprüft. Eine Garantie hierfür kann jedoch nicht übernommen werden. Ausgeschlossen ist auch jegliche Haftung des Verlages bzw. einzelner Autoren und Bearbeiter für Personen-, Sach- und Vermögensschäden, die auf die Nutzung von Inhalten aus dem vorliegenden Werk bezogen werden. Auf die in diesem Buch empfohlenen websites Dritter und deren Inhalte haben wir keinen Einfluss. Deshalb können wir für diese fremden Inhalte auch keine Gewähr oder Haftung übernehmen. Für die Inhalte der verlinkten Seiten ist stets der jeweilige Anbieter oder Betreiber der Seiten verantwortlich.

© 2014, Blottner Verlag GmbH
D-65232 Taunusstein
E-Mail: blottner@blottner.de
www.blottner.de
ISBN 978-3-89367-142-7
Printed in Germany

Danksagung

Herzlichen Dank an Alle, die mit mir zusammen dieses Buch realisiert haben. Mein besonderer Dank gilt Markus Rühl für die grafische Gestaltung und Britta Blottner für ihre Unterstütung und Beratung.

Beate Rühl

GESUND UND ÖKOLOGISCH BAUEN
Baubiologische Aspekte bei Neubau und Sanierung

Der Verbindung von Baubiologie und Ökologie gehört die Zukunft! Ein Haus sollte ein gesundes und behagliches Raumklima haben. Dieses informative Buch richtet sich an alle die gesund und ökologisch bauen, umbauen oder sanieren wollen. Das Buch enthält eine Vielzahl von aktuellen Beispielen moderner, umwelt- und gesundheitsorientierter Architekturprojekte die in Deutschland realisiert wurden. Wertvolle Informationen und praktische Tipps helfen, unabhängige Entscheidungen zu Bauweisen und Baustoffen für das eigene Bau- oder Renovierungsprojekt zu treffen.

Der Autorin ist es gelungen, zahlreiche seit Jahrzehnten im baubiolgischen und im ökologischen Bereich arbeitende Persönlichkeiten, Firmen und Architekturbüros an den runden Tisch zu bitten. Die so gewonnenen vielfältigen, richtungsweisenden Diskussionsergebnisse sind in diesem Buch festgehalten. In Interviews zu aktuellen Themen, wie gesundes Heizen, Schutz vor Schimmelbefall und Reduktion von Elektrosmog, werden Informationen zu den Vorteilen und Problematiken des heutigen Bauens zur Verfügung gestellt. Im Zentrum des Planens steht der schonungsvolle Umgang mit unserer Umwelt. Ob wir uns in einem Haus wohlfühlen hängt aber auch davon ab, ob Bauweise und Materialien den biologischen und gesundheitlichen Bedürfnissen des Menschen gerecht werden.

Von Beate Rühl
128 Seiten, 194 farb. Bilder, 25 Grundrisse.
Format 21,5 x 27 cm. Fester Einband.
ISBN 978-3-89367-120-5

Blottner Verlag • www.blottner.de

UNSERE BUCH-TIPPS FÜR SCHÖNES WOHNEN

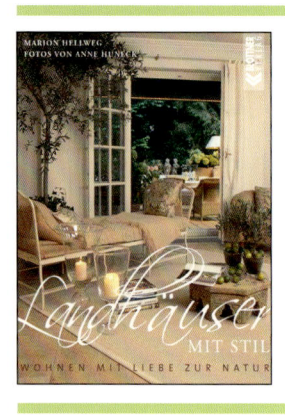

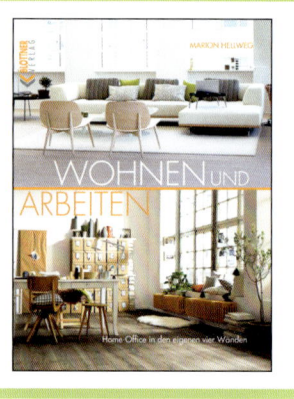

Landhäuser mit Stil
Wohnen mit Liebe zur Natur

Marion Hellweg / Anne Huneck
144 Seiten, 252 farbige Bilder. Format 21,5 x 27 cm. Fester Einband.
ISBN 978-3-89367-129-8

Dieses Buch ist ein Bildband, der den Leser mit auf eine wohnliche Reise durch zauberhaft eingerichtete Refugien nimmt, die allesamt Seltenheitswert besitzen. Die Häuser verleugnen ihre deutschen Wurzeln nicht, gehen zudem aber eine spannende Liaison mit anderen Stilrichtungen ein – von französischem Chic bis englischem Country-Look. Natürliche Materialien, wunderschöne Stoffe und liebevolle Wohnarrangements beflügeln die Fantasie und machen Lust aufs Einrichten und Gestalten.

Wohnen mit Bildern
Wände individuell und stilvoll gestalten

Marion Hellweg
160 Seiten, 294 farbige Bilder. Format 21,5 x 27 cm. Fester Einband.
ISBN 978-3-89367-139-7

Man ist schon längst in die neuen vier Wände eingezogen, hat Möbel zurechtgerückt, Lampen montiert – nur eines fehlt noch: Bilder! Dieses Buch hilft Ihnen, Ihre Wände stilvoll und individuell zu gestalten. Ganz nach dem Motto „Inszenierung ist alles!" zeigt dieser Bildband eine riesige Auswahl an anschaulichen Beispielen, die das wohnliche Leben schöner machen. Ob klassische Gruppierung, moderner Purismus und eklektischer Stilmix – erlaubt ist, was gefällt. Lassen Sie sich inspirieren!

Wohnen & Arbeiten
Home-Office in den eigenen vier Wänden

Marion Hellweg
160 Seiten, 255 farbige Bilder. Format 21,5 x 27 cm. Fester Einband.
ISBN 978-3-89367-137-3

Das Berufsleben ist im Wandel. Flexibilität und Mobilität ist angesagt. Auch die Arbeit von Zuhause nimmt immer mehr zu. Doch Home-Office ist nicht gleich Home-Office. Wichtig ist ein vernünftiges Ambiente, das sowohl den Anforderungen des Jobs als auch ästhetischen Ansprüchen gerecht wird. Das Buch zeigt eine Vielzahl an privaten Refugien, die einen sehr ansprechenden und gut gelösten Arbeitsplatz aufweisen. Hinzu kommen viele Gestaltungsideen, fachliche Tipps sowie eine große Übersicht an Büromöbeln.

Stadt Refugien
Einrichtungsideen für urbanes Wohnen

Marion Hellweg
160 Seiten, 209 farbige Bilder. Format 21,5 x 27 cm. Fester Einband.
ISBN 978-3-89367-141-0

Ob sanierte Altbauwohnung, klassisches Loft, modernes Apartment oder familiäres Reihenhaus – jedes Domizil trägt seine eigene Handschrift, zeichnet sein eigenes kreatives Profil. Wie attraktiv und stilvoll urbanes Wohnen sein kann und wie man aus Räumen mittels sinnlicher Materialien, ästhetischem Interieur und durchdachten Stauraumlösungen echte Wohlfühloasen zaubert, zeigt dieser außergewöhnliche Bildband. Individuell gestaltete Stadtquartiere sind Statussymbol und Vorzeigerefugium in einem.

Blottner Verlag • 65232 Taunusstein • www.blottner.de